从领导力到影响力

快速提升领导力的16种方法

[英] 露西·瑞安（Lucy Ryan） 著
王宇 译

LUNCHTIME LEARNING FOR LEADERS

16
WAYS TO
GROW YOUR RESILIENCE
AND INFLUENCE

中国科学技术出版社
·北 京·

图书在版编目（CIP）数据

从领导力到影响力：快速提升领导力的 16 种方法 /（英）露西·瑞安（Lucy Ryan）著；王宇译 .—北京：中国科学技术出版社，2022.9

书名原文：Lunchtime Learning for Leaders: 16 Ways to Grow Your Resilience and Influence

ISBN 978-7-5046-9720-2

Ⅰ . ①从… Ⅱ . ①露… ②王… Ⅲ . ①领导学 Ⅳ . ① C933

中国版本图书馆 CIP 数据核字（2022）第 131598 号

策划编辑　申永刚　何英娇
责任编辑　何英娇
封面设计　马筱琨
版式设计　蚂蚁设计
责任校对　吕传新　邓雪梅
责任印制　李晓霖

出　　版　中国科学技术出版社
发　　行　中国科学技术出版社有限公司发行部
地　　址　北京市海淀区中关村南大街 16 号
邮　　编　100081
发行电话　010-62173865
传　　真　010-62173081
网　　址　http://www.cspbooks.com.cn

开　　本　880mm × 1230mm　1/32
字　　数　197 千字
印　　张　10.375
版　　次　2022 年 9 月第 1 版
印　　次　2022 年 9 月第 1 次印刷
印　　刷　北京盛通印刷股份有限公司
书　　号　ISBN 978-7-5046-9720-2/C · 208
定　　价　79.00 元

名家推荐

★ 我喜欢这本书——表达清晰，富有智慧，见解深刻，实证充分，实用性强，没有连篇累牍的空话，内容直击要害。露西·瑞安擅长将复杂事物一一分解，以人们更容易理解的方式将要点逐一呈现。如果你想要拓宽视野，获得成长，成为一名真正的领导者，那这本书定会对你大有裨益。

——菲奥娜·帕拉沙尔（Fiona Parashar）

领导力培训公司首席执行官

★ 这本书是提升领导力的绝佳指南，帮助你在不断变化的工作环境中增强适应能力。书中讲述了诸多实用技巧，有助于管理者和领导者培养自身的适应能力，最终打造一支适应力强的团队，迎接未来必将面临的挑战。

——卡里·库珀·克贝（Cary Cooper Cbe）

曼彻斯特大学曼彻斯特商学院教授

★ 我们从未像现在这样需要优秀的领导人才，而这些领导者也需要我们的支持。露西·瑞安的这本书恰好在这方面提供了

指导，可谓实用、睿智、深刻。希望每一位领导者以及立志成为领导者的人都有机会读到这本书，更重要的是能在该书的引导下开展工作。

——苏 · 奈特（Sue Knight）自然语言处理主培训师，

《工作中的自然语言处理》（*Nlp At Work*）作者

★ 与领导力相关的书可谓数不胜数，难道还有什么未尽之处吗？当然有！如果你注重实用性，不喜欢没完没了的理论，也不中意大众化的案例，那么该领域依然有很大的探索空间。如果你已经是领导者，抑或打算走向领导层，这绝对是一本不可多得的好书！十大建议、清晰的图表、实用的想法、轻松的写作风格、真正的秘诀，这些都让我对这本书爱不释手。这本书创造了一个奇迹，你一定会喜欢！

——伊洛娜 · 鲍尼维尔（Ilona Boniwell）

安格里亚鲁斯金大学个人潜力激励性评价项目带头人

★ 绝对的精品。全书满是实用建议，易于掌握，如果你对如何领导人和如何培养人充满热情，这本书就非常适合你！我尤其喜爱作者在书中搭建框架帮助读者组织、演练新的技巧，这给我留下了很深的印象。露西 · 瑞安还在书中加入了大量

建议，启发性很强。在这个飞速变化的时代，这些建议都是无价之宝。

——维多利亚·福克斯（Victoria Fox）

秋明石油公司（AAR）首席执行官

★ 我参加了许多露西·瑞安精彩纷呈的研讨会，也因此得以近水楼台，早早读到了这本书。她捕捉到了研讨会上的亮点，并写到了书里（甚至我读这本书的时候，她的声音就在我耳边回响）。这本书可以让读者全副武装，只需一顿30分钟下午茶的功夫，便能够运用书中的各种策略、技巧和窍门。如果你想要修正自我、提升自我，抑或自我反思，我都会极力推荐这本书。

——乔安娜·特里佩特（Joanna Trippett）

字节伦敦（Byte London）常务董事

★ 如今的领导力跟过去相比，可不是一回事。世界飞速发展，若想成为出色的领导者，则需要“一整套灵活的工具”，这本书里充满智慧，一定可以帮到你！

——大卫·克拉特巴克（David Clutterbuck）

欧洲指导教练理事会特使

★ 露西 · 瑞安是一位深得信赖的领导力培训师，这本书就是证明!该书聚焦于领导者日常无法回避的各类问题，如何解决问题意义重大。阅读伊始，简单易懂的内容就惊艳了我，内容也环环相扣。本书实用性强，观点、理念、范例、实际案例研究和思辨等比比皆是。每一章都有许多方法来解答领导者的常见问题。从第一页开始，书中内容便引人入胜，易于理解，极富参考价值。所以，准备好你的午饭和饮料，定好闹钟，否则翻开书之后你很难停得下来。

——莉丝 · 路易斯（Lise Lewis）

蓝天国际老板兼欧洲指导教练理事会全球特使

★ 在这本手把手教学的领导力指南中，通篇都闪耀着露西 · 瑞安的实践精神和洞察力的光芒。保持开放的心态，这本书会帮你成为一位领导者——它既可以为新手提供实用参考，又能为经验丰富的领导者提供指导，让他们明白重点究竟在哪。这本书可以启发所有领导者的灵感，也一直是我喜欢的读物。

——贝基 · 休伊特（Becky Hewitt）

利兹市储蓄与贷款社董事

★ 很荣幸获露西 · 瑞安指导数年。这本必读书凝聚了老师多年的心血，可谓囊括了多年学习期间我接触到的所有模式、经验以及指导。她的方法简单易懂，操作性强，且卓有成效。这本书会帮读者战胜挑战，树立自信，锻炼能力，将其在公司的影响力最大化，适合处于职业生涯各个阶段的读者。

——朱莉 · 安 · 海恩斯（Julie Ann Haines）

威尔士储蓄与贷款社首席执行官

★ 这本书只让我觉得相见恨晚。整整16章，每章都为读者提供了大量可供操练的实例。我有幸和露西 · 瑞安共事过多年，阅读这本书将我带回了过去。那时，她的指引帮助我战胜了无数的挑战。让这本书充实自己的大脑吧。

——达米安 · 汤普森（Damian Thompson）

英国奥尔德莫尔银行零售金融经理

★ 这本书非常精彩。露西 · 瑞安的洞察力会帮助你学会在公司如何与他人相处。有这本书，你不费多少脑子就能掌握实用的领导才能。无论你身居何位，这些知识和技巧都会对你有所帮助。我的团队曾有幸与作者共事，在她的帮助下，队员

们的领导才能日益精进。现在，很开心看到露西 · 瑞安的专业知识印刷成册，也很开心你将从此书的智慧中获益。

——迪 · 福特 · 克贝（Dee Ford Cbe）

鲍尔传媒集团部门经理

★ 这本书富有洞察力，展现了露西 · 瑞安的丰富经历和聪明才智。全书通俗易读，可行性高，和领导者与管理者面临的现实挑战密切相关。本书致力于帮助领导者找到最好的自己。有了这本书，仿佛每天都有人在你的工位旁贴身指导你一般。

——阿丽莎 · 福斯（Ailsa Firth）

法国巴黎银行人事部门主管

★ 既启迪智慧，又极富操作性。有了这本书，就像在电话上设置了快速拨号，可以第一时间连线露西 · 瑞安。

——克莱尔 · 萨德勒（Claire Sadler）

英国心脏基金会营销、筹资及人事部门执行理事

★ 在疫情肆虐全球余波未平之时，我还有这份空闲时间一边努

力成为领导者一边继续读书学习吗？其实前言部分就回答了这个问题——学习是领导者的必修课。这本书绝不是什么快餐文化，相反它值得反复阅读，仔细回味。它会向你发问，向你挑战，激励你反思、评估，并最终成长为一名领导者。孜孜不倦地给予你清晰简单的建议，教你在未来如何实践。

——西蒙 · 韦尔奇（Simon Welch）

国家之星大学校长

★ 这本为领导者写的指南，旨在帮助解决领导、管理团队过程中的常见问题，操作性极强。在本书中，露西 · 瑞安用极小的篇幅和令人耳目一新的叙述方式，让我们了解到，一支积极性高、表现出色的团队如何增加快乐，提升效率。本书将变革自我反思的方式，提升作为领导者的影响力和适应能力，这些都是团队和客户欣赏的好品质！

——马修 · 希尔（Matthew Hill）

英国家庭住房维修及改善服务公司主管

★ 该不该买这本书呢？只要你想领导、想成长、想发展，那么答案当然是该买。利用短短的午餐时间，学习小篇幅的实用

建议！培养领导力，这本书是你的不二之选！

——乔恩·加齐（Jon Ghazi）

安妮莱特·埃默尔（Annelect Emer）公司首席执行官

★ 要是我在开启领导者生涯时有这本书相伴就好了——它就像你肩膀上的一只手，指引着你解决领导者会遇到的各种挑战；而且它的建议既有建设性、操作性，又贴近生活。对于书中的真知灼见，无论是新手领导者，还是阅历丰富的领导者，都可从中获益。该书的篇章结构也拉近了与读者的距离。全书伊始，我就感觉像有人在我身旁指导——既会温柔地提醒我停下来思考反省，也会督促我继续往下读。至于将这本书推荐给谁，我心中已有答案，同时我自己也会时常翻看。

——瑞安·兰厄姆（Rhian Langham）

上将集团服务中心主管

推荐序

我在商业电台工作，这种创造性媒体鼓励创新，秉承数字化理念。我爱我的工作，我喜欢它带来的挑战，喜欢它带来的各种可能性，喜欢它肩负的启迪听众的责任。我的团队有1300人，听众有接近2000万人，因此我清楚领导力的重要性，明白领导力会对我们所有人有何影响。其实，在我看来，领导力的水平，是获得成功的决定性因素。

电台对听众会产生相当大的影响。我认为，这种影响他人的能力或者责任，正是领导力的秘诀所在。也正是因为这种能力或者责任，人们不由自主地就想追随你，没人能在缺少他人帮助或配合的情况下成功，也没有人会无所不知、无所不能。

在我看来，有学习意愿的领导者，最有可能得到拥护。要成为一名受人拥护的领导者，要学的东西非常多。因此，每当要加强我们公司的领导力时，我只会求助于露西·瑞安，把我们的顶级资源交到她手上，我非常放心。

在她的指导下，我见证了公司许多领导者的成长，无论是在个人层面，还是在战略领导者层面，他们都取得了十足的进步——完全具备能力带领团队和公司迈入下一个10年。他们现在意识到了，领导者肩负更多的事务与责任。对待学员，露西既会聆听、提问、指导，也会要求他们再接再厉，帮助他们在复杂的企业中构建变革型领导关系。她的指导不同凡响。这本书将告诉你，露西是如何推动我们全体向前进步的，以及这些专业知识将带给你什么样的帮助。

这本好书囊括了露西的深刻见解，不管你是哪个层次的领导者，书中各种知识和技能都能帮助你提升领导力，从而更好地与公司其他人相处。我的团队有幸和她共事，在她的帮助下，我们的领导力得到极大提升。现在，看到她的专业知识印刷成册，我知道更多的人将从中获益，我很开心。

迪·福特·克贝（Dee Ford Cbe）

鲍尔传媒集团部门经理

前言

2020年，整个世界归于沉寂，我就是在那时有了写这本书的想法，并付诸了实践。因为有了空闲时间，我得以回顾20年来指导领导者的过程中积累的经验，同时也反思了一个问题——什么样的书才能给人们带来改变。我发现，多数领导者想要的并不是一本多么深奥的哲学专著（这恰恰是我在读博期间做的事情！），他们只是想要一本简单易懂、操作性强的书，一本在职业生涯不同阶段都可以阅读、回顾、享受的书，一本讲述现代领导者在成长道路上不断面对挑战、坚持学习进步的书。

从本质上讲，我认为，优秀的领导者都是学习者。当然，我指导的领导者也都渴望学习和进步，但会面临两个挑战——时间和应用。多数公司的快节奏让人不敢奢求能在课程学习和个人发展上花费大量的时间。除了这点，领导者还常常会问——你说得对，但该怎么做呢？我该怎样把学到的东西应用到我的工作中？什么训练能让我的团队面貌一新？我应该提出哪些指导方面的问题？

以下是我在指导时最常遇到的一些问题：

我该怎么知道自己是在管理还是在领导？

我即将走上领导岗位，要做的和之前比有哪些不一样？

怎样才能卓有成效地影响我的经理？

我的工作压力很大，该如何适应？

面对一次困难的交流，如何准备？（我们双方可以心平气和地结束谈话）

如何平衡工作与生活？

如何制订发展计划并了解每个人追求的目标？

如何克服各种变化干扰，完成关键任务？

自信心的提升让我获得了很大的成功。你还能帮到我吗？

如何打造一支人人都有归属感却又多元化的团队？

如何打造一种真实、最佳的领导风格？

在指导中融入自身的优势意味着什么？该如何实现？

作为领导，考虑自身幸福是否是一种自私的行为？

这些问题涵盖面非常广，基本上已经指明了一位领导者所需的一切品质。优秀的领导者就是超人，这样的想法也无可厚非。你看，领导者要产生积极影响，耐心传授，悉心指导，带来改变，起模范作用，启发他人，并谦虚地服务他人。对了，还要高效地完成日常工作！不仅如此，领导者还需要持续检测自己是否处于平衡状态，也就是让自己脆弱又坚强，自信却不傲慢，谦恭又出手果断。

事实上，领导者无须成为超人，也不必通晓一切。要带来改变，领导者不能包办一切，你要做的是为团队创造环境和条件，让他们自己去寻找答案。有时，领导者真正需要做的事情是反直觉的，也就是说，你需要做的事情并非是你想要做的事情。你想的是解决问题，但你需要做的是赋予团队更多的自主权。

我再来阐明一下我对领导者的理解。在我看来，领导者的责任在于挖掘他人的潜力，虽然当今世界不断变化，诸多需求加持在肩，但是领导者身上的这份责任始终不变，尤其是要承担执行压力，掌握改变速度，满足股东需求，保持领导能量。从我个人经验出发，最杰出的领导者，其领导他人的勇气正是源于自身不断地学习。

韧性和影响力

本书由五部分组成，韧性和影响力两大主题在各章均有体现。我明白，领导者想让公司具有强大的韧性（具体内容见第11章）。但实际上，航空公司让乘客先戴上自己的氧气面罩再去帮助他人，这种做法是相当正确的。如果氧气用尽，就会发生多米诺骨牌效应。与此相似，我一直认为，领导力最关键的技能，是要保持领导的能量，领导者亮相越多，对其期望值也就越高。这也就是要实现管理和领导的平衡（第1章）；除了学习生存之外，还要学习如何获得成功（第2章）；同时还要足够自信，敢于展示自己脆弱的一面（第4章）。实现这些，需要科学与艺术的结合，因此在第3章我讲述了积极领导力的基础要求。

领导者不是为他人提供帮助，而是要影响他人。领导就是影响。领导者是模范，其他人会通过领导者的一举一动、言语、心态形成自己的判断，从而决定是否追随或信任这位领导者。你的团队就像一张地图，你的影子映射在地图上，对你的下属产生影响。这便是为什么行使职权时要有智慧、有格局、有同理心。

本书第二部分研究了各种方法。第5章讲述通过个性化的激励策略积极、礼貌地领导他人；第6章展示领导在指导他人时如何利用自身优势；第7章则关于如何确保自己打造的队伍既多元化，又具有凝聚力和归属感。一般的领导力书籍都会忽视客户群体，但这些人可是衣食父母啊！作为一个有影响力的人，我希望客户仍然能在领导者的影响范围内，能处于团队讨论和决策的中心位置（第8章）。

我遇到的多数领导者，都热切希望自己能产生正向影响，能发现真正原因，能赢得下属信任。这是领导者的独特风格，值得每个领导者认真思考。本书随后也会提到能被下属铭记的真实理由（第12章）。例如，作为领导者出席会议会产生正面影响还是负面影响（12章）；出席的方式、发言的内容、发言的风格、表现的态度，都举足轻重、意味深长（第13章）。越清楚自己做的事，越了解自己对他人的影响，你的行为就会变得越有效。

碰到挫折

挫折是领导力提升路上不可避免的，在逆境中学习，从挫折中成长。如今，变化每天都在发生，因此现代领导者需具备灵活变通的能力（第9章）。考虑到目前的改变速度，我们有必要设置合理预期；重启因为难以推进而被搁置的谈话（第10章）。2020年至今的新冠肺炎疫情，或许是本书读者在职业生涯中遭遇的最大领导力危机，领导者如果不探索公司的适应力文化，那便是一种懈怠（第11章）。或许，直到这时人们才能意识到这些技能的重要性？我发现，面对挑战和变化，能生存并获得成功的领导者都会具备5种行为（正是本书鼓励的5种行为，也是读后你将收获的5种行为）。

在脆弱时表现出勇敢。

有成长心态，视一切为学习机会。

提出有影响力、有启发性的问题。

积极行动，绝不拖延，每天向前迈进一小步。

有意识地反思，巧妙利用自己的时间、空间获得深刻见解。

接下来该怎么做

少有领导者会制订继任方案，也不会思考自己升职后谁来接自己的班。实际上，进入新角色的第一天便要考虑继任的问题。也就是说，一旦走上领导岗位，就要为团队中的每一个人做好规划，为自己、为团队考虑未来的继任问题（第15章）。一旦着手做这件事，团队中的每一个人都会感到非常轻松。

我是一位务实、积极向上的心理师，因此这本书必须要反思幸福！幸福和领导力几乎不会出现在同一本书上，好像领导者的工作就是让他人获得幸福。但优秀的领导既让自己成功，同时也会建设好团队。赶快趁午休时间，想想自己可以做哪些小事，来持续提升个人幸福感吧。

如何使用这本书

没错，跟你想的一模一样！可能眼下并非书中所有的话题都与你相关，但它们一定会在你职业生涯未来的某个节点发挥重要作用。因此，当你有需要的时候就来翻翻这本书吧。本书有16章，包括领导力领域内16个重要的主题，均可以通过短时阅读习得。我和领导者在一起的时候，总是劝他们休息一会儿，充一下电，午休就是阅读这本书的绝佳时间！每章结构均相同，先突出问题，之后介绍对该主题的最新思考和相关证据，同时还会通过练习和指导来引发读者反思，继而萌生付诸行动的想法。不谦虚地说，每章至少都会提供一个实用模型，供读者尝试并同他人分享。和我共事过的人都知道，我热衷于使用简单模型来解决复杂问题。这些模型就好像催化剂，促进你和同事、团队之间的沟通交流。

开启我们的阅读时光

我明白，读者希望在生活中找到空间，获得启迪。只要做好时间管理，并得到简洁实用的指导，就可以实现这个目标。先问问自己这个棘手的问题："我现在愿意改变吗？"之后再将这本书作为领导之路上的贴身教练。

我希望，当读者需要将某些重要的主题转化为行动时，能感受到本书对自己的鼓励和帮助，能以自己理想的方式尝试实践，能时常热情洋溢地再拿起这本书来翻阅回味。

目录

第一部分

洞悉领导力

● ○ ● 第1章

保持领导力平衡的实用策略

管理、领导和指导，三者之间区别何在？扮演好每种角色，需要哪些有效的行为？其实，当你明白如何根据公司、团队或者个人需求进行变化调整时，便会实现从职能专家到战略领导者的转变。

问题何在

很多人在走上领导岗位后，都会问自己："我是领导吗？""我还需要在哪些方面继续提高？"这也是我在指导时经常遇到的两个问题。现在就让我来帮帮你。

多数领导者是经过一系列职能岗和管理岗最终成为负责人的，是真正意义上的领导者。而问题在于，抛弃过去的职能角色，成长为领导角色可比看起来难多了。主要有三个原因：

❶ 经验不足，没有人告诉过你这些角色之间有哪些不同。

❷ 你擅长的是职能专家，工作收入也来源于你在职能专家的角色中体现的价值。

❸ 出色的管理就好似一剂肾上腺素：用时短，反应快，目标明确。你知道自己的队员们正在做什么，你指引着他们的方向。通过各种细节、待办事项、一场又一场的会议等，对整个行动产生影响。相比之下，老实讲，领导力的建设速度缓慢。因此，容易心急，想通过即时行动在短期内见到成效。

运筹帷幄：构建平衡，培养意识

领导力不仅复杂，而且会随着环境变化而变化。这就意味着构建平衡、培养意识十分关键。你既要研究如何平衡领导、管理、指导三种角色，同时也要加强自身意识，清楚自身行为。有一个观点听起来有些奇怪，但即便如此，我还是认为“管理应属于领导技能的一部分”。只有在超大企业集团中，领导才能做到仅仅“思考战略”“执行战略”。而对其他多数领导者而言，需要的还是切实做好管理工作，完成规定事宜。

要思考领导、管理和指导三者之间的区别，有一个办法很实用，具体见图1-1。图中三个圆圈分别代表领导力包含的三个功能：领导他人、管理他人、指导他人。左半边是以“命令”（带有权威

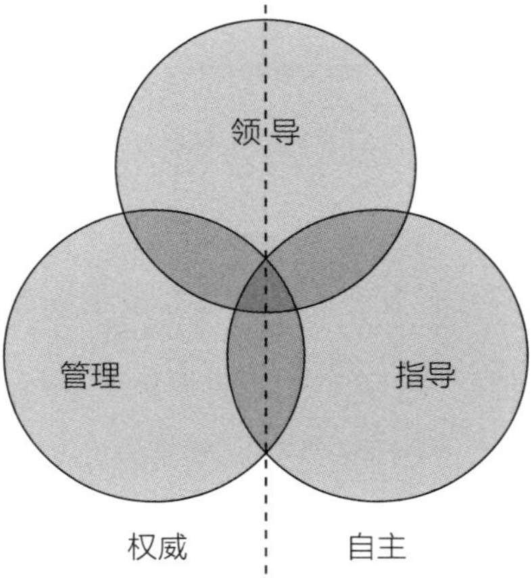

图1-1　领导力平衡

性）为主导的行为，你知道你要达到的目的以及时间、原因、参与人员；右半边是以“征求”（实现自主性）为主导的行为。允许其他人决定自己的完成方式，由他们决定时间、原因以及参与人员。这三个圈的交会处，则是在权威和自主之间，存在的一片“灰色区域”，或者借用我在下文中的表述：在两个圈之间舞蹈。

领导力的“舞蹈”

在图1-1中，管理、指导、领导三个角色之间存在重叠区域。三者之间并非三选一，而是兼具管理和领导能力的同时，还可以将指导融入其中。此处的关键在于，在正确的时间，搭配正确的人，选择合适的角色！

为了更好地理解管理和领导力之间的区别，我在此处借用了罗恩·海费茨（Ron Heifetz）等人在《适应性领导能力实践》（*The Practice of Adaptive Leadership*）一书中使用的“跳舞”这一比喻。这个概念可以帮我们在当下有效地理解从领导到管理再到指导之间的现实区别。

假设有一个舞厅，配有超大舞池和楼座。领导者的角色，就是不断进入舞池指导动作，然后再退回楼座。

一旦步入舞池，便处于快节奏的管理活动中，你就是整个行动的指挥官。进入舞池，发出指令，你就是权威：看着我，我来做示范。

但在楼座时，你就退出了指挥。在一边观察、聆听，再编排出下一套动作。看整体，可能会找到更好的方法。

除了以上两点，还有一点需要注意，在离开舞池后，不要利用权威发号施令，而是充分给予自主权，提出指导性意见。

你自然要来回扮演这三个角色，在三个角色之间跳舞。有时，领导技巧成为关键，你相当于一个战略家。退一步，更好把握全局，引导员工追随你的目标，为团队带来改变，建立起广阔的关系网，打造互联互通的动态关系。

有时，这一切都只是幻想，你总是深陷各种事务中，要应对短期情况，分配任务，解决问题，引导其他人。总的来说，你只是借助权威，完成每天忙碌的工作。那么，在严苛的职场中，又该怎么指导呢？即使日常事务纷繁杂乱，你总还是要想办法挤出一点时间指导团队，多征求意见，少发号施令，多引导，少指挥。并且要时刻记住，在决策时要充分发挥自主性，这样才能让团队在未来继续发展进步。

本章，我希望帮助读者决定该如何分配三者的关系，保持领导力平衡，并找到领导者在未来需要提升的地方。

小试牛刀

找一张空白纸，然后画下三个圆，代表自己当前领导力的平衡状况，圆的大小代表你目前的情况。

例如，在改变和危机并存的时候，常常会像图1–2那样，即

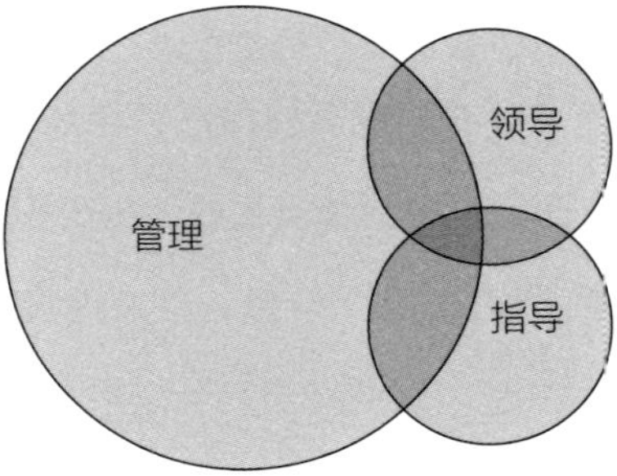

图1–2　管理失衡

花大量时间管理其他人，而在领导或指导上花的时间则比较少。当短期内有紧急事务需要处理时，为了由合适的人果断及时地带来改变，可以采用这种模式。

或许，人们往往不太容易意识到领导角色占比过高，如图1–3所示。如果领导力平衡长期呈现该种状态，领导者此时可能

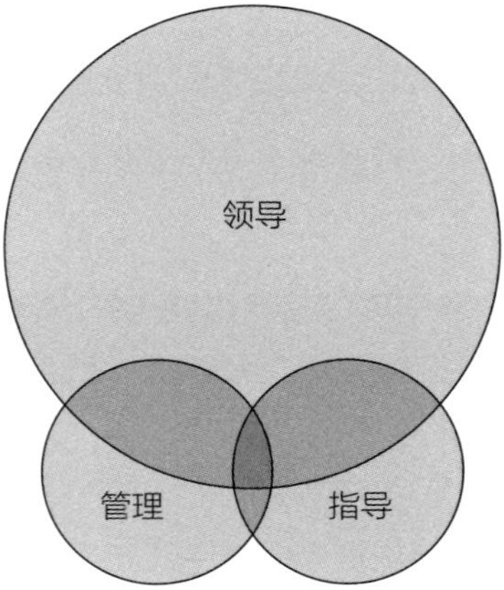

图1–3　领导失衡

已经完全脱离行动，即离开舞池，在楼座上待了太久。如果意识到这点，就会发现自己对局势欠把握，也不了解下属和顾客的感受，自然也不知道问题到底出在哪。这时，或许领导者就迫切希望能和一切重建联系。

如果代表指导因素的圆比另外两个圆大很多，如图1–4所示，又会如何呢？大体上讲，这种情况意味着你委托他人，且给予信任，对管理和领导很少插手。尽管领导者给予团队自主权且成效不错，但也要确保自己在必要时能收住缰绳，掌控局面。平衡非易事！

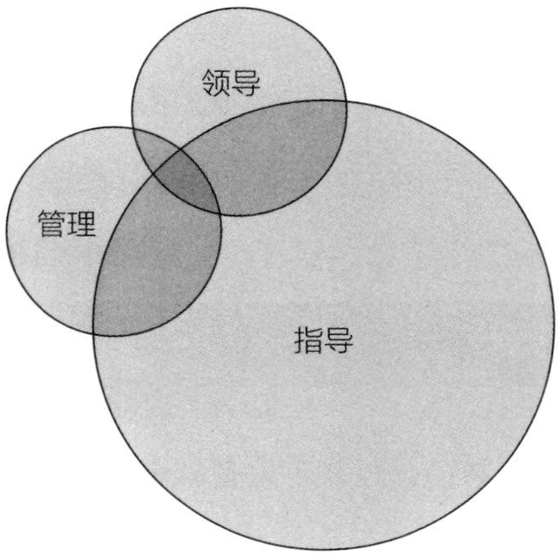

图1–4　指导失衡

反思时间

❶ 你的领导力平衡图反映了什么样的现状？（例如，你目前

是否正处于危机模式，或者代表管理的圆是否大幅增加？）

❷ 三个圆保持当前形态有多久了？（例如，你的领导力平衡完全是由习惯决定的吗？抑或是最近领导力平衡有所调整？）

❸ 什么因素（或是谁）致使你改变目前的平衡状态？（例如，是否你本来应该在会上站出来，自己却闷不作声，或仅就任务和流程简单说了几句？你有带起来比较顺手的人吗，或者是指导起来更自如的队伍？）

❹ 有需要改变或调整的地方吗？（看看你的领导力平衡图，你想有什么改变？）

再拿一张白纸出来，画下三个圆，构想未来三种因素如何分配，从而保持领导力平衡，圆的大小代表自己的理想情况。

锦囊妙计

这一部分旨在帮助领导者重组领导力构成的各因素，从而提升从职能专家到战略领导者的转变效率。以下有5个方法供读者选择。

❶ 告别过去。

❷ 从现在到未来：建立新构想。

❸ 为未来构建关系网。

❹ 创造反思空间。

❺ 保持灵活。

告别过去

这或许是最困难的一个转变。如果你是一个优秀的管理者或职能专家，你的身份在当前的工作角色中会得到完美诠释。你属于联络人，知道该问谁，在公司里，你最清楚如何更快更好地完成某件事。你招募团队，分配任务，信任每一名成员，但归根结底，决策权在你手里。不仅如此，你还可以凭借自己在该领域的专业知识获得褒奖。

管理过渡大师威廉·布里奇斯（William Bridges）将旧终点和新起点之间的这段时间称为“迷茫区”，此时，身份不断变化，人们觉得自己失去了依托。但是，假设自己实现了从专业的管理者到领导者的转变，在没有确定方向的情况下，如何通过小探索、小项目，在有限却明确的范围内尝试新领导角色呢？

例如：

- 参加往常没去过的会议，就自己职能之外的问题发表看法。
- 寻找一位你想向其学习的领导者（公司内外皆可），与其取得联系并请求指点。
- 在自己不熟悉的领域里花点时间，找到该领域的关键问题：他们如何与客户交流？自己如何与其更好地配合以发挥更大作用？

- 精心制作自己的“影响力地图”，扩展个人关系网（见第14章）。

从现在到未来：建立新构想

学习过去、面对当下、预测未来，你可以有意识地为团队带来一种新构想。通过下列10个问题（SWOT分析），你可以帮助自己的团队提升适应能力，赋予团队更多智慧，让每个人都可以意识到自己和团队的进步。

❶ 在过去半年，团队有获得新优势吗？

❷ 你发现有什么必须保留的工作方法（加速的数字化议程、工作/生活日程）吗？

❸ 态度上或理念上有哪些明显的正向变化？

❹ 打算怎么利用这些优势呢？

❺ 有逐渐凸显的劣势吗？

❻ 什么因素/什么人/什么职能阻碍了进步？

❼ 在你的公司或企业文化中，有出现什么新机会和新需求吗？

❽ 什么让你感到兴奋？今天早晨起床的动力是什么？

❾ 谁没有利用起新兴市场/服务/产品？你能填补这个空缺吗？

❿ 有什么新的明显的威胁吗？它们由何产生？（当地因素还是全球因素？健康问题还是幸福问题？人员调整还是企业文化转变？）

为未来构建关系网

在《逆向管理》（*Act Like a Leader, Think Like a Leader*）一书中，埃米尼亚·伊贝拉（Herminia Ibarra）探讨了“能力陷阱”这个概念，即一些优秀的职能经理只能“锦上添花”，在自己已经做得不错的事情上继续取得进步。显然，你在某件事上越出色，那么你做其他事的机会成本就越高，于公司而言，让你离开原本的角色成本也就会越高。

因此，提升自己的领导格局，为未来构建关系网，重点关注“外扩”这个概念。不能只是盯着自己熟悉的领域，更要构建新的战略关系网。正如伊贝拉在书中写道：“外扩关乎向外扩展格局，关乎以不同方法看事物，因为你拓展了活动领域，延伸了交际圈。这会给你带来一些全新的事物，炒冷饭可帮不到你这些。”在未来一个月里：

- 找3个在领导力层面能带给你不同观点的人，和他们进行交流。
- 阅读3篇/听3条播客节目/观看3场TED[①]演讲，转变自身心态。

---

① 指technology、entertainment、design在英语中的缩写，即技术、娱乐、设计。是美国一家私有非营利机构，该机构以组织TED演讲大会著称。——编者注

- 让团队与外界建立联系。万事皆有联系：客户、竞争对手、同行、供货商。如果只把目光放在自己的一亩三分地，就会不断错过机会，坠入能力陷阱。

创造反思空间

朱莉·安·海恩斯在2020年成为威尔士储蓄与贷款社的首位女性首席执行官，当时她有一条建议——高级领导层每周需要花一天时间用于发展自我，寻求个人进步、学习等。很多人觉得这个建议可行性不强。8小时！有1小时都不错了。朱莉不仅将自己所说的付诸实践，还用研究佐证了自己的想法。伊内丝·维歇特（Ines Wichert）有关顶尖人才如何成长为领导者的研究指出，认真思考的领导者应该做到以下几点：

- 质疑假设，提升决策质量。
- 加快学习速度，尽快适应新环境。
- 不要在同一个地方摔倒两次。
- 从看似不相关的态势之间找到关联，借此对不熟悉的情况进行处理。

要明确的一点是，无论是线上还是线下的会议，如果一个领导者低着头，这位领导者一定比过去任何时候都需要反思。

我问领导者们为什么不反思时，一般有三种回答：

- 我不能很快看到效果。

- 我不喜欢这个过程。
- 我不知道怎么反思以及要反思什么。

由于许多领导者对反思抱有偏见，那么有第一种回答也就不奇怪了。职业生涯中，行动果断的人往往会得到褒奖，而见效慢的方法也和领导能力的要求不太匹配，因此许多人都觉得反思不过是在浪费时间。不要在反思时考虑投资回报率，这种思考没有什么固定结构，其目的也不是提升效率。

最有效的反思，是要思忖自己的想法和行动。你可以整理好自己的情绪，理清自己的想法。反思可以让大脑在繁杂的工作中得到休息，按下暂停键，让大脑思考多种不同情况，考量不同思维方式和行为，这些对个人未来发展都极其关键。

如果你不确定要反思什么，下面这些问题可以帮你开始反思。开始之后，你便可以慢慢找到属于自己的反思方法。至于反思时间，既可以安排完整的时间段，也可以利用休息时间。我一般是在游泳时反思，往往想着想着就忘了自己游了多少个来回（除非水很冷）。

一步一步来，慢慢开始，取得进步，不去计较一时得失。或许一天只用十五分钟，或者一周只反思一次。

与自身相关的思考：

- 本周有什么地方值得自豪？
- 本周有什么地方不值得自豪？

- 本周什么时候最忙？什么时候又最闲？
- 本周对自己又有了什么新了解？
- 下一周如何利用对自己的新了解？
- 本周是什么类型的领导者？
- 本周是什么类型的下属？
- 怎么以身示范，践行自己的价值观？
- 我在回避什么？
- 还有尚未解决的问题吗？需要做什么才能得到更好的解决办法？
- 作为领导，什么最值得我关注？
- 本周听到的最新奇、最有趣、最大胆的想法是什么？该怎么培育这种新点子？
- 怎么才能赋予工作更多乐趣？

其他方面：

- 如何帮助团队达成目标？
- 如何帮助团队取得进步？
- 什么关系得到了提升？
- 什么理念的转变带来了关系提升？
- 什么关系仍需发展？
- 该如何发展自己最不喜欢的关系？

● 本周如何为团队带来乐趣？

保持灵活

不管是在舞池还是楼座，不管是指导还是领导，你都需要切换角色，保持灵活。当你开始处理细节时，要想办法走出细节，着眼全局。对这一点要有清醒认识。每当面临此前从未接触过的新角色或新局势时，实验、测试、尝试，然后自己寻找办法解决。事后反思，并为下一次的优化做准备。要记得之前做出改变的速度，不能陷入犹豫不决的决策陷阱。在新时代，领导能力需要保持灵活，这一点早已被验证且获得成功。

学会接受预料之外的情况。清楚自己也曾面对过这种史无前例的情况，所以不要让进一步的变化动摇你的心态。振作起来，积极响应，在交流和行动时，要拿出勇气，要有同理心。

保持领导力平衡的10条建议

❶ 明确自身行为，明确自己是在领导、管理，还是指导。

❷ 如果是在领导，退一步；如果是在管理，进一步；如果是在指导，就待在一旁。

❸ 适应力强且反应迅速。一次谈话，也许需要切换三种角色，这对行为和心理的灵活度都有要求。

❹ 明确触发因素。什么人/因素会使三个圆产生变化？时间还是资历？是哪个人还是其他什么因素？

❺ 不要只是满足于做好自己负责的事情。扩大工作、领导的范围。

❻ 帮助团队学习。优秀的领导者会学习，同时鼓励团队学习。用“构想”部分的问题鼓励团队学习。

❼ 想办法慢下来。节奏越快，犯错越多，因此，利用反思时间来稳住阵脚。

❽ 你的行为代表你的格局。改变自己的行为，从而让变化发生。

❾ 多征求，少命令。多分配，少指挥。做领导者，控制自己的控制欲。

❿ 认清现实。绝无可能达到完美平衡，要学会培养个人洞察力，要清楚自己什么时间该处于什么角色。和自己的缺点和解、共处。

第2章

安排好个人精力是复原力的关键

许多领导者因精力不足，无法带好团队，还有很多领导者因此不能发挥出自己应有水平。本章主要讲述如何为身体、精神、情绪充好电，从而发挥好领导作用。此外还搭配了一套总分为25分的适应力测试，为关注个人健康和领导活力出谋划策，提出实用策略。

问题何在

困难时期，对领导者复原力的要求再怎么强调也不为过。你所面临的挑战盘根错节，其中的许多难题只有着眼全局、能适应不断变化的领导者才能解决。职位越高，工作量就会越大，潜在压力源也随之而来，你希望自己能应对挑战，并设法度过困难时期。

这并不意味着让你摆脱所有压力。耶鲁大学精神病学教授斯蒂文·索思威克（Stephen Southwick）说：“如果你今天可以应对自己身边发生的一切，那么等这些事情解决之后，你便会变得更强大。”但是，你需要在高压下保持精力。换句话说，复原力需要耗费精力。它不是与生俱来的，即使是含着金汤匙出生的人，也不会天生就具备这样的能力。而且复原力本身也不是一种一成不变的特质。相反，它是内在力量和外在资源共同作用下的产物，有助于你适应困难局面，从而从挫折中恢复过来并正常投入工作。在很多情况下，还能帮你成长进步。

除此之外，你还有责任保证整个团队的活力，因为只有个人和团队都能不断从挫折中恢复过来，领导力才能得以持续。事实也的确如此，常和我交流的一些领导者就表示，比起个人精力，他们更注重团队活力。

尽管增加个人精力有助于复原力的培养，许多领导者面临的却是精疲力竭的工作。谈到复原力这个话题时，我问了领导者几个问题：“有人注意到工作环境中存在的恶性矛盾吗？”“有人生病和请假频率增加了吗？”“有人亲身经历过精疲力竭吗？”每次都有好几个人举手。看来，工作压力大和工作量超负荷已经是比较普遍的问题。

关于工作环境的数据佐证了这一点。在2020年新冠肺炎疫情肆虐全球之前，一项由英国精神健康基金会发起的工作压力研究表明，74%的受访者都曾在过去一年里因压力过大而不堪重负。此外，《福布斯》杂志称，工作量超负荷问题在全球范围内均十分严峻，世卫组织已将此问题纳入医疗诊断宣传手册。

尽管有领导力方面的学者认为，复原力要从组织和全局层面来设法提升，但在我看来，复原力更应该从个人层面和全局层面来提升（关于“全局层面”的讲述见本书第11章）。人们常常忘记，领导者先要学会领导自己，才能去领导别人，自我领导是优秀领导者的基础。我的出发点是：复原能力（即韧性）不是蹦床，不会跳下去就一定反弹上来。复原力更像是不带路线图爬山，需要耗费时间、气力，还需要身边人鼓劲，而且途中也会经历挫折。等最后爬上山顶再回首，才会发现自己走了多远。

运筹帷幄：给5个电池充电

此处，我们探讨的不是锦上添花，而是对领导生存和团队管理起最关键作用的技能和战略。我们要在工作和休息时都保持一些健康习惯，让学习成为个人发展规划中不可或缺的一部分。

为保持活力，在领导岗位上取得进步，你可以假设自己身上有5块电池，我们需要时刻留意，注意它们的电量：

★ 身体复原力：如何安排睡眠、饮食及锻炼习惯。

★ 精神复原力：专注力、思想的灵活性，以及合理乐观。

★ 情绪复原力：如何认识自身情绪状态，控制自身情绪反应。

★ 关系复原力：如何与深爱且信任的人保持社交关系。

★ 目标复原力：如何让自己的生活有意义，有目标，有幸福感。

这5个方面的状态是很私人的。睡眠是否被打扰，是否依赖酒精，是否不去看望朋友，是否冲孩子发脾气，只有自己才知道。但首先，应该评估在自己的生活和工作中，哪些地方会耗费个人精力，哪些地方又会赋予个人活力。借此，你可以做出选择，改变现状。

本章伊始，我提供了复原能力测试，供读者测试个人精力的等级。同时搭配简短的案例分析，共同探索为前4块电池充电、提升个人领导力的实用策略。在本书第16章，我们再讨论幸福和目标在人生中扮演的角色——最后一块电池需要一整章来讲述！

小试牛刀

★ 复原能力测试

请回答下列25个关于复原能力的问题。每个问题满分5分（“几乎没有”为0分，“有时”为3分，“总是”为5分）。请保证实事求是，测试结果不必与他人分享。

给身体充电

❶ 每天醒来以后，昨日的疲惫一扫而光。

❷ 吃的东西都很新鲜，不吃加工食品。

❸ 每天用餐规律，膳食搭配合理。

❹ 尽可能少坐，经常站起来拉伸、活动。

❺ 每周锻炼5次，包括2次力量训练。

给精神充电

❶ 工作时保持积极主动，而非消极被动。

❷ 不分神，某段时间内专注做一件事。

❸ 不为不确定的困难耗费精力或小题大做，专注于自己控制

范围内的事情。

❹ 为有长期价值的重要活动优先预留出足够时间。

❺ 工作日会留时间反思，让自己静静。

给情绪充电

❶ 随时都可以认识到自己的情绪状况。

❷ 清楚自己为何陷入不佳的情绪状况。

❸ 会抑制自己的失落感、不耐烦、焦虑，尤其在困难时期更是如此。

❹ 可以很快走出坏情绪。

❺ 会刻意培养自己的积极情绪。

给关系充电

❶ 会悉心培育人生中的重要关系。

❷ 公司内外都有自己的好友，并信任这些人。

❸ 工作和生活之间有有效的界限，休息时间不会被工作打扰。

❹ 会优先安排娱乐时间，和朋友有固定的休息聚会时间。

❺ 喜欢和别人互动，交流时会全身心投入，并对话题充满兴趣。

给目标充电

❶ 清楚自己的长处，工作中可以尽自己最大努力做一名优秀

的领导者。

❷ 清楚自己的前进方向，对其充满热情。

❸ 清晰表达自己的价值观以及自己看重的东西。

❹ 自身价值观会指导现实生活。

❺ 每天都会花时间反思——领导他人的重点在于什么。

反思时间

所得分数会反映你当下的生活情况。五个电池不可能在某一时段中同时充满电。也就是说，你的分数可能会处于70—80的区间。若高于此区间，说明你已经养成了一些好习惯。若低于此区间，可能是当下什么因素影响了你的分数，但也有可能是你已养成一些不好的习惯。针对自己的成绩，问自己如下四个问题：

❶ 对哪项结果最满意并打算继续加强？

❷ 对哪项结果最惊讶并打算优化？

❸ 在复原能力测试中，哪个板块最需要关注？

❹ 为了持续进步，你准备改掉哪些习惯？

接下来，我们将探索一些为前四块电池充电的策略——为身体、精神、情绪、关系充电——这有助于提升分数。我列举了一些案例，在阅读时，请标注和你产生共鸣的句子，并完成相应练习。

启发灵感

给身体充电

内德的生活就是“精疲力竭后，继续超负荷运转”。在高压工作岗位上，他觉得自己能应付源源不断的各种事务。一周里，他有四天是早上五六点就起床跑步。七点开始开会，一直开到晚上八点，甚至更久。吃饭总是匆匆忙忙，靠肾上腺素和咖啡续命。只要工作不忙，他每天晚上都尽量和妻子一起吃饭。他一般把周末空出来陪家人（他有三个小孩，都还不到十四岁），但最近四周的星期天他都工作了四小时。晚上八点到十点，他会收发一些邮件。

尽管内德觉得自己能应付，但实际上他应付不了。他的睡眠总是被打扰，血压也在升高。他会因为工作的事和妻子争吵，孩子们也很想和爸爸待在一起。

给身体充电也不简单！我不必唠叨一些老套的建议（多喝水，多吃菜，工作别太辛苦这类话）。但是，亲自做出适合自己、适合工作、适合家庭的决定，就完全是另一回事了。为了有精力应对困难，就要改变个人早已养成的习惯，这本身也是一个难题。

需要重申的是，除了进食和呼吸，睡眠是复原力强弱的最重要因素。我的多数客户都严重缺乏睡眠，但实际上每晚保证7—8小时的高质量睡眠非常重要。我很喜欢马修·沃克（Matthew Walker）《我们为什么要睡觉》（*Why We Sleep*）这本书，他在书中提出，夜里工作越晚，时间越长，效率就会越低。

练习一：精力的消耗与补充

本练习旨在指出哪些因素会消耗个人精力，哪些因素又可以补充个人精力，同时可以凭练习中的清单，为自己的身体充电。该清单囊括了工作和生活中补充或消耗精力的各种活动（例如，开会、有害关系等）。图2–1中的清单展示了内德最初的精力状况。

精力消耗	精力补充
睡眠被打扰（小孩哭闹）	8 小时充足睡眠
不吃早饭或在车里匆匆解决	和孩子们一起吃早餐
不吃午饭	小憩一下，在桌子上也行
午饭时开会	午餐时休息、走走、读书、写东西
待在室内	每天呼吸新鲜空气
一直喝咖啡	平衡水和咖啡的摄入量
无暇锻炼	各种形式的锻炼
晚上处理邮件（虽然没声音）但内容会让人情绪波动	工作日处理好所有邮件，晚上休息！
↓	↓
精疲力竭	养精蓄锐

图2–1　活力的消耗与补充

看着内德的清单，可不能简单说“应该多做右边的事，少做左边的事”，而应该设计适合自己的实际方案。例如，如果我同内德一起商量，就会认识到，就目前而言，睡个好觉已经不太现实，但午饭时间不开会还是可以实现的。这不外乎是一个平衡的问题。以下是我和内德商讨后制订的一些策略——这些是内德认为自己可以坚持下去的：

- 每周有三次空闲的午餐时间。
- 用午餐时间反思、写作或阅读。
- 写领导日志。
- 每天都呼吸新鲜空气，哪怕一小会儿也可以。
- 把两次跑步机上的训练换为力量训练。
- 周末和孩子们一起锻炼（不是独自一人），一起养成新爱好。
- 每周有两次在下午六点前处理完所有邮件。

小试牛刀

为你自己列一份精力消耗与补充的清单，尽可能诚实地写下所有内容。为了达到一个更优的平衡，你应该摒弃哪些消耗精力的行为？又应该做哪些给你自己充电的事？清单内容应符合个人生活习惯，要写做得到的事，而不是你觉得应该做的事。

给精神充电

阿瓦总是反复思考一件事。她是一家慈善机构的高管，当每次要面对可能比较困难的情况时，她就思绪不宁，不管白天还是晚上，这件事会一直在脑子里挥之不去。她为此感到焦虑，信心消耗殆尽，工作时注意力也无法集中。她最近要和团队里的一名成员谈话，此人近期表现不佳。为此，她在心里默默地演练了几次谈话内容，但始终认为这次沟通必定不愉快！

复原力强的人能积极做出调整并适应充满挑战的局势，就像一块超级材料，能承受各种压力，却始终能保持自身形状。这需要人们能在精神和情绪上保持灵活，凡事想得开，这也是良好复原力的基本构成要素。

2012年，伊洛纳·博尼韦尔（Ilona Boniwell）教授和我一同搭建了英国的第一套复原能力课程[①]，并创造了“困难阶段”[②]这个术语，用以描述情绪和感觉相冲突的情况。你反复思考某一局面的时候，自己很清楚，它会在你脑子里挥之不去，或者将其放大。面临不确定、流言、各种媒体消息时，这种感觉会进一步凸显。千万不要让这一情况一直影响你的大脑，问问自己有关自我指导的四个问题，再回到“困难阶段”中继续前行。

① 课程英文原名Spark。——译者注

② 术语原英文为Stick Path，“困难阶段”为自译。——译者注

练习二：困难阶段

❶ 目前哪些事情还在你的掌控范围内？

❷ 当前，你能告诉自己哪些积极又现实的信息？

❸ 把一直困扰你的事情先放一边，看看今天可以先达成什么小目标？

❹ 你可以和谁聊聊？（谁可以给予你不同视角且不加剧你的消极思想？）

这四个问题能为加强精神复原能力打下坚实基础：

- 控制自己控制范围内的事，不去焦虑自己控制不了的事。重要的是，要能控制住自己的精神状况和情绪，这可以加强个人能动作用。
- 合理乐观是加强精神复原能力的关键。对自我实现做出积极预测，用实用、积极的事情让心情平静。
- 达成一些小目标让自己重获专注力。
- 寻找不同的观点，拓宽个人格局。

例如，我们回顾一下阿瓦的案例，她容易在面临谈话时陷入焦虑，而她应该做的事如下：

哪些事情还在阿瓦的掌控范围内？

我可以为谈话做些准备。

我可以把要问的问题先列出来。

谈话时，我可以确保自己情绪镇定。

当前，阿瓦能告诉自己哪些积极又现实的信息？

同事都知道她最近表现不佳。

这件事在预料之内。

如果我坚持从事实出发，做到换位思考，我们可以达成一个双方都能接受的解决方法。

我能应付这种情况。

把一直困扰你的事情先放一边，看看今天可以先达成什么小目标？

出去散散步。

设计下周会议的展示。

和团队里的两位队员一起吃午饭。

你可以和谁聊聊？（谁可以给予你不同视角并不加剧你的消极思想？）

莎拉——镇静，能深度思考。

鲁宾——值得信赖，总是可以从不同的角度看待事物。

给情绪充电

诺阿从事数字行业，是一支信息技术团队的领导。他的团队规模不小，在近期收到的汇报中，有360份反馈称诺阿缺乏情绪管理。团队成员称，诺阿的脾气一点就着，而且很难走出坏情绪，这种情绪可以在整个团队中迅速蔓延，让每个人都处于这样的阴霾下！团队中的新成员会极力避免和他接触，老成员则要尽力保证其他人不受这位领导者的影响。诺阿在和老板交谈后，承认自己忽视了个人情绪管理，需要重视这一情况。

情绪就是警铃。相比于追踪个人的思考习惯，我们更容易发现自己分心、不耐烦、恼怒等情绪。这些警铃非常重要。如果你发现自己一直处于压力状态下，身体会释放出肾上腺素和皮质醇，这是两种会在压力大时释放出来的激素。两种激素在所谓的“战或逃”的行为中扮演着关键角色，但同时也可以让我们面临感染风险，使免疫系统受损。

小试牛刀

练习三：从命名到中和

本练习分四部分，有助于调节个人情绪反应。我将每个阶段视为一个“热钮”，用来中和每个阶段的热量，如图2–2所示。

1. 命名

（1）学会给个人情绪做标记。你是什么感觉？为个人情绪反应构建丰富词库。

（2）用下述词汇为个人情绪贴上准确的标签。

2. 留意

（1）情绪由何而发？写一篇引起情绪的日志，看是哪些因素引发了这样的情绪。

（2）体内哪个部位感受到了情绪？可以做些什么来调整个人状态？

3. 培养

（1）理解、接纳自己的消极情绪，将其视为对行为的提醒。你想在哪些地方取得进步？

（2）搭建一个积极情绪资源库，用以抗衡消极情绪。

4. 中和

（1）有意识地寻找生活中能让你镇定下来的办法，例如深呼吸、冥想、写日志。

（2）在回应之前停“60 下”。例如深呼吸 60 秒，走 60 步，等 60 分钟再回邮件。

图2-2　调节“热钮”

个人情绪标签

□ 有戒心	□ 热情	□ 震惊	□ 压抑
□ 有缺陷	□ 沮丧	□ 沉思	□ 恼怒
□ 乐观	□ 焦虑	□ 害怕	□ 不耐烦
□ 自信	□ 空虚	□ 兴奋	□ 疲倦
□ 精疲力竭	□ 被动	□ 绝望	□ 有干劲
□ 生气	□ 急切	□ 无忧无虑	□ 包容
□ 平和	□ 忧虑	□ 大怒	□ 嫉妒
□ 开心	□ 易怒	□ 自豪	□ 悲伤
□ 自在	□ 高傲	□ 平静	□ 忙碌

经过反思，诺阿发现自己一天大多数时间都处于脾气一点就着的状态，任何分心的事情都会让他恼怒且沮丧。一旦这些情绪来临，他就会皱起眉头，耸起身子。他现在知道了，一些简单的行为就可以调整个人情绪状态。每当这两种消极情绪露头时，他的积极情绪就几乎不会再出现。于是他开始写日志，给情绪贴好标签并留意该情绪，同时特别注意自己的积极情绪。

他发现，有两种积极情绪经常出现——感激和希望，于是，为了利用好这两种情绪，他决定每晚都写点与这两种情绪有关的东西：

今天有什么值得我感激吗？

什么给了我希望？

明天我要感谢谁？

“停‘60下’”是他和团队的生命线，团队里有人开玩笑说，诺阿在作出回应前应该和60个人先聊一下。

给关系充电

伊内斯是一家会计公司联络部门的主管。因为工作特别忙，她打算想点解决办法。因此，她打算先不看望自己的朋友了。过去，她是一支自行车队的队员，周六会有固定活动，每个月还至少要去朋友家两次。和朋友们在一起时，她得以放松，开怀大笑。但现在，工作忙，压力大，她觉得自己只能应付工作和家庭的事情。她感到不得不在友情的维持上做出让步。

复原力培养中的重要一条，就是要能和他人建立联系，这也是心理需求的核心内容。强大的人际纽带可以帮我们走出挫折，值得信赖的朋友是你坚实的后盾。复原力往往被人们理解为一种坚韧的个人品质，通常人们关注的是如何依靠个人解决困难，而忽视他人帮助的力量。

你希望也需要有几个可以依赖的人，工作和生活中都是如此。工作中的困难会让人压力很大，面对困难，人们也容易畏缩不前，放弃社交关系。肖恩·埃科尔（Shawn Achor）的研究表明，我们要做的恰恰相反："正确应对压力的人，会在面临压力时加大社交投入。"图2-3所示为友谊圈。

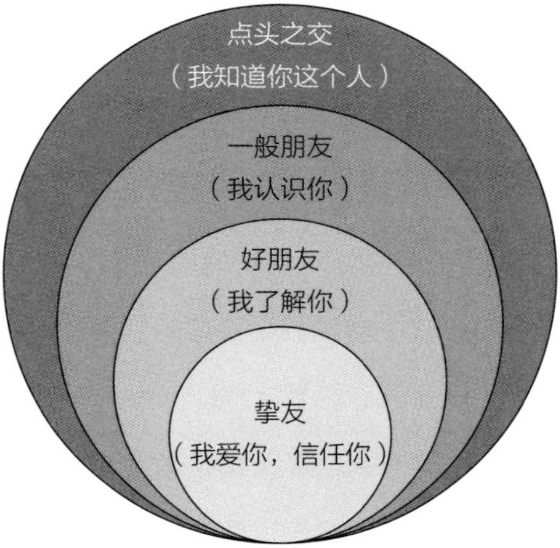

图2-3　友谊圈

反思时间

练习四：反思友谊圈

该练习不会立马改变伊内斯的圈子，当然也不会立马改变你的。生活中有许多地方需要反思，那就先从友谊圈开始反思吧。问自己如下几个问题：

❶ 上周是如何在朋友圈上分配时间的，都有谁得到了你的时间？

❷ 你如何加强与好朋友之间的纽带？

❸ 你有没有花时间在挚友身上？

❹ 你有哪些简单的方法让理解你、信任你、爱你的朋友们知道你也在为他们守候？

伊内斯做了些什么

在培训课程期间，这份友谊圈的图震惊了伊内斯。经过反思，她认识到，自己走上新的领导岗位后，多数时间（大约80%的时间）都在联系陌生人，尽管这些时间是她在新岗位上必须耗费的。她其余20%的时间也全部花在家庭上了，挚友都没分到时间，更不用说好朋友了。这时候，她才明白，虽然自己没有时间留给骑自行车这样的个人爱好，但是她应该让自己的好朋友和两个挚友重返自己的生活。伊内斯做出了两个改变：

- 给好朋友写卡片——我一直都在，将很快回到你们身边！
- 在未来三个月里安排时间和好友见面（已经和丈夫商量妥当）。

本章至此，读者应该明白，复原力是一种可以习得的技能，一些行为习惯是可以选择并养成的。从根本上讲，能学习过去，应对当下，并对未来持乐观态度，这也是一种能力。这就像是在健身房练肌肉，如果不常锻炼，肌肉就会无力。如果能每天锻炼，肌肉就会越发强壮。为了让肌肉在关键时刻派上用场，每日练习相当重要。

补充精力和增强复原力的10条建议

❶ 学习过去，用习得的知识增强个人应对未来的能力。

❷ 相信自己的情绪管理能力，相信自己在高压环境下的应对能力。

❸ 学会自我调节，能控制冲动情绪和个人情感。

❹ 要像关心别人一样关心自己。

❺ 构建积极情绪资源库，发现并培养自己的积极情绪！

❻ 在重要的人际关系上花时间。对自己信任并爱着的人要心怀感恩。

❼ 灵活且准确地思考逆境的成因和造成的影响。

❽ 拓宽格局，和具有不同思想的人交谈。

❾ 学会求助，不掩饰脆弱，营造舒适感。

❿ 明确个人控制范围，期待好的结果。

对了，还要睡好！

第3章 让积极领导助力业绩提升

怎么做才能成为一位更积极向上的领导者？本章基于积极领导力这一新兴概念，从培养成长型思维、用好奇心领导、打造积极氛围三个方面入手，提供实用策略。这不是让你去忽略困难，而是要你以一个领导者的眼光去发现有用的东西，发现能赋予团队成员活力的东西。

问题何在

简单说，问题在于，许多公司的领导者并不够积极向上。

如果把积极领导比作钟形曲线，消极自怜的行为就分布在最左边，积极向上的行为就分布在最右边，而大多数领导者只是停留在中间。也就是说，领导者并不能一直表现得乐观，对下属抱着欣赏的态度，或者调节好个人情绪。或许你曾经参加过一些领导力的培训课程，他们鼓吹自己的理论会把你培养成真正的领导者：带来改变，有非凡个人魅力，高情商，像仆人一样带领团队。你也很想把自己学到的理论知识运用到实践中，但毕竟人无完人，人都会感到精疲力竭、时间不够、紧张焦虑，这时也就无暇顾及什么积极领导力了。

据英国、欧洲其他国家、美国多家大公司的调查数据显示，领导者们在管控工作压力及上班摸鱼两个方面做得不够好。例证如下：

- 在英国，因工作引发的健康问题中，51%与压力、抑郁、焦虑有关。
- 在英国，有1790万个工作日因压力、抑郁、焦虑被浪费掉。
- 在欧洲其他国家，与工作相关的压力每年会花掉公司约

200亿欧元。

- 在美国，52%的成年人没有全身心投入自己的工作，还有12%在工作中处于摸鱼状态。
- 在英国，79%的在职人员处于与工作相关的压力之下，同时有89%的人在身体不适的情况下仍然继续工作，还有73%的人在假期中处理工作事务。

问题的关键在于，究竟是什么原因，让这么多人在工作中感到痛苦和绝望？多项调查显示，受访者的两个压力主要来源分别是：工作负担以及领导/直属上司的风格。一项又一项的研究报告表明，虽然在通过积极领导达到减压效果的过程中，高层领导是关键，但仅有15%的公司认为自己的领导者能真正参与其中。

那么，这和积极领导力的研究又有什么关系呢？积极向上的领导者会贡献高产且优异的表现。积极领导并不是盲目乐观或找乐子（不过工作中多一些乐趣总没坏处），而是去发现拥有积极情绪、学会欣赏、看见优秀所能带来的影响。这不是说去忽视错误行为、糟糕表现以及工作中的霸道行为，而是去发现什么能起作用，什么能为大家赋能，以及如何通过共情和联系来完成领导工作。金·卡梅隆（Kim Camerom）的《积极领导力》（*Positive Leadership*）一书中提到，积极领导力的目的在于达到下述效果，例如：在工作中成长进步，发展人际关系，获得积极情绪，扩大关系网。

换句话说，积极领导和消极领导之间的区别很简单，即积极领导是去鼓励人们，为团队成员赋能；而消极领导则是消耗人们，让成员们泄气。

也就是说，领导者必须要更加努力地帮团队成员们做到最好，释放他们最大的潜力。

积极领导力如何在行动中体现

我在学术界和商界都有所涉猎，因此会感受到科学语言与日常现实的强烈反差。卡梅隆是积极领导学的创始人之一，他认为积极领导力可以带来优异表现，培养积极态度，并专注实现良性发展。

我在攻读积极心理学硕士学位时做了一项调研——在你眼里，积极领导力是什么样的？一家大型金融机构的200余名员工参与了回答。现在重看他们的答案，其中纯粹的人性和朴素的观点，让我深受触动。

有被注意和被欣赏的感觉。

多一些微笑，少一些古怪。

让我知道“我很重要”，这种感觉很好。

会议上先讲近期进展顺利的部分，再谈需要解决的问题。

领导者和我讲话时关上面前的手提电脑。

领导者不会取消或推迟我们之间的单独谈话。

领导者会表现出对我们的关怀和理解。

让我们多一些欢笑，少一些烦忧。

不会在大清早一上班或者晚上临睡前收到邮件，说有问题需要处理。

有面对面沟通的时间。

让一切都变得更好。

上述答案讲到的都是一些务实的事情。除了学术定义外，积极领导力还与所领导的团队密切相关，团队成员需要被倾听、被关怀、被理解和被关注，队员的私人时间需要得到尊重，而且他们要热爱工作。

这虽不难，但还是要花心思。积极领导学的理论与实践值得我们重视。

运筹帷幄：培养积极习惯

本章我会列出一些实用方法，帮助读者培养成长型思维，用好奇心领导团队，打造积极氛围。这些方法还可以加强自身洞察力，提升领导力。但是，要想从中间地带过渡到积极领导区域，我们还需要刻意培养个人习惯。因此，本章会提供一些小秘诀，帮助读者轻松应用。

本书第5章会指导大家进一步运用积极领导学，通过指导、发展以及联系来鼓励他人。

培养成长型思维

首先，需要区别固定型思维和成长型思维。前者认为智力是一成不变的特质。后者则认为，智力是一种可以培养的特质，只要努力还可以得到提升。

卡罗尔·德韦克（Carol Dweck）在思维方面的理论研究对学校教育产生了巨大影响，而事实证明成长型思维对提升学生表现有更大的作用。有趣的是，在公司层面情况也是如此。尽管针对成长型思维和积极领导力之间联系的研究比较有限，但神经领导力研究所（the NeuroLeadership Institute）的研究结果显示，成长型思维文化是变革、参与、创新的关键。

过去20年里，我一直在听各种领导者的发言，了解到固定型思维其实是由于缺乏自信和害怕出错两种心态导致的——我要是失败了怎么办？我要是被别人责难怎么办？而拥有成长性思维的人，则已经习惯犯错，并坦然处之。他们明白，自尊不会因所谓失败受到伤害，和个人潜力被限制相比，获得学习的机会显然更好。

有趣的是，我发现公司和团队也会有固定型思维和成长型思维。如果耳边总是环绕着“我们之前试过，不管用”“我们不想再出错了”“这还不够好，我们要的是完美”诸如此类的话，那么这就是个固定型思维的公司。固定型思维和成长型思维的对比如图3-1所示。

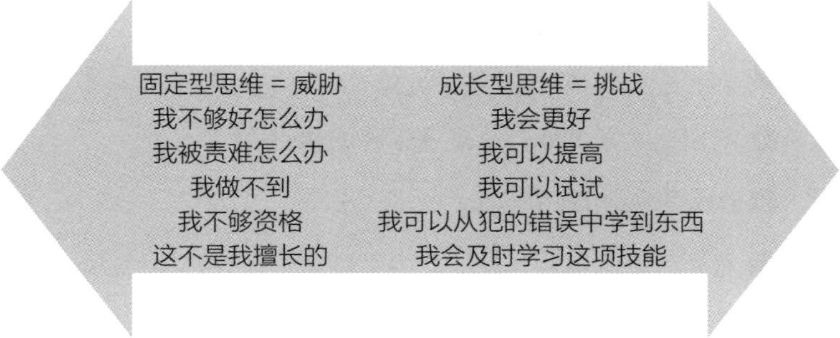
固定型思维 = 威胁
我不够好怎么办
我被责难怎么办
我做不到
我不够资格
这不是我擅长的
成长型思维 = 挑战
我会更好
我可以提高
我可以试试
我可以从犯的错误中学到东西
我会及时学习这项技能

图3-1　固定型思维和成长型思维

领导者如果能认识到成长型思维的积极影响，他们就会鼓励学习和反馈，并相信错误带来的巨大能量。在神经领导力研究所2019年的一份报告中，一名受访者称："如果你真的具备成长型思维，那么任何沟通都不困难，所有对话都会变得真诚又人性化，同时以成长进步为导向。"

以下是发展成长型思维文化的10个方法。温馨提示，你想确保自己在日常工作中正直诚实，起到模范带头作用，那就应该先对照这份清单，看看自己是否有同样的习惯。

锦囊妙计

发展成长型思维文化的10个方法

❶ 人人都有学习规划，发展是关键一步。

❷ 以个人成败为例，对观念模式进行讨论。

❸ 公开庆祝成功，适时补强。

❹ 定期让大家挑战自己舒适区外的项目。

❺ 让大家从错误中学习。

❻ 看到对方的优势，并以此为基础进行指导。（见第6章）

❼ 用语上会有明显变化。例如：发展型词汇代替消极型词汇。

❽ 每周的会议上要和团队讨论哪些地方做得不错、遇到什么挫折、学到什么东西、即将做出什么改变。

❾ 鼓励发散思维，要多用“如果……会……”“而……”这一类的表达方式。

❿ 指导中要以成长型思维进行提问：“如何超越目前的状态？”“从中可以学到什么？”“你会做出什么改变？”“你下一步打算做什么？”

此处的关键在于，为其他人提供发挥空间，而领导是培养这种文化的设计师。因此，让员工们接受挑战，允许他们失败，领导则退居幕后，随时准备提供帮助。

用好奇心领导

你或许会觉得自己是一个好奇的领导，我也希望你是，因为好奇是评估领导者的第一个特质。此处需要的不仅是有能力提出好的问题，还要能探索公司中做得好的地方，之后再开始解决问题。

积极领导学植根于欣赏式探询，该理念提出先理解“积极领导的核心”，再来探索公司结构改变。这一观点认为，人类趋向于顺着最常被问到的问题来进步。

我的指导、领导力培训和咨询项目都是由此开始的。在你指出所有不足并告诉我哪里需要修正之前，我想先提出这些问题：

你状态最佳时是什么样子？

你的长处是什么？

什么会起作用？什么时候起作用？

谁想让这起作用？

你什么时候有过优异表现？

优异表现是怎么产生的？

小试牛刀

通过积极的问题激发好奇心

试试这个方法：在任意项目、团队会议、培训课程上，先找到哪些地方做得好——你会惊讶地发现，这种做法是多么宝贵。

例如，几年前，我们受命为客户设计一个新型用户体验方案。方案最初在英国推行，但预计将辐射全球29个相关国家。该方案希望能比某个咨询公司或某个领导更长远地存在下去：不只是个风靡一时的东西，而要成为我们的行事方式。这也并不是什么新提议——该客户在这方面曾经犯过两三个错误，代价也不小，就是因为采用了咨询公司制订的与日常工作相关度不高的方案。我们采取了不同的方法，先帮客户找到公司哪些地方做得好，再把公司里的各级团队集结起来，问了以下问题：

你什么时候体验到了极佳的内部顾客服务？

这样的服务是什么样的？感觉如何？

你的顾客服务什么时候让你有自豪感？

谁提供了优质的外部顾客服务？

优质的秘诀是什么呢？

你如何能让顾客真正感到开心？

相关的用户体验方法必须包括什么？

随后我们提出的用户体验方案在全公司（以及那29个国家）推行了8年直至今天，比多数的领导团队存在时间都长。尽管其中经历了经济衰退、预算削减以及多次调整，但该方案仍然存在。这项方案之所以取得了这样的效果，是因为从出发点开始就做出了正确的选择，而这份正确来自客户公司，而非我们的指导方案。

反思时间

在未来几天的会议上，如果要讨论新项目，可以试试上文提到的“出发点”。“做得不好的事情有哪些？需要解决的事情有什么？”想想“以这样的方式开启的会议，多久经历一次？”“这是谁问的，在哪些地方奏效了？”“我们什么时候是出类拔萃的？谁做得好？谁在这方面又是行为榜样呢？”

试着提出上述问题后，团队活力会变化，项目发展也会发生积极转变。

打造积极氛围

“积极氛围”指，在该氛围下，工作中的积极情绪要多于消极情绪，占据主导地位。多项研究表明，积极氛围可以“让情况愈来愈好，朝着最理想状况发展，并提升表现”。一般来讲，如果能成功创造积极氛围，无论是公司还是个人都会取得飞速进步，所有人都会从中受益。

关键是，积极氛围不仅会让团队成员在当下感到舒服，还可能让他们更好地发挥作用，对未来充满信心。此外，积极情绪可以拓展思维，驱除消极情绪，优化应对策略，减轻压抑情绪的影响，培养坚韧的心理素质。简而言之，积极情绪不仅可以帮助人们生存，还可以帮助人们进步。

领导者具有向员工传播正能量的宝贵机会。在每一次沟通交流中，领导者都可以选择给下属打气或让下属泄气。下面是三个练习，帮你实践如何开展积极领导。

锦囊妙计

一天而已

虽然这可能只是个一厢情愿的想法，但我还是想请各位用一天时间去传播正能量，传播积极情绪，表达自己的欣赏态度。答应我，在未来24小时里完成以下10个任务：

❶ 对完成不错的任务发邮件表示感谢。

❷ 手写便条致谢。

❸ 会议中，发现下属优秀的地方，并立刻当面提出表扬。

❹ 对低调、不引人注意的员工提出表扬。

❺ 在内部信息中公布对他们的表扬，并强调这些员工对公司的重要意义。

❻ 发送有意义的、个性化信息向客户致谢。

❼ 询问某位团队成员近况，态度要真诚。

❽ 关掉电脑，放下手机，全神贯注倾听别人说话。

❾ 线上或线下会议结束后留一下，和大家聊一下天。

⑩ 问候一下某位员工的家里人，问问他最近在忙些什么，过得怎么样。

积极回应

人们往往在收到正向反馈后不会放在心上。反馈者常常很不解地说："他们说自己没得到足够的正向反馈？我明明昨天才夸了他们……"人们常过分担心批评，但是当收到正向反馈后，这种积极信号就像一片雪花，还未落地就已融化。谢利·盖布尔（Shelly Gable）等人提供了一些有趣的方法，教我们如何回应正向消息，即"主动建设性应答"。多数研究只是教我们如何应对问题局面，而这个概念则是教我们如何应对理想局面，并告诉我们应对合理会让个人如何获益。我们来举例说明：

假如你搭档告诉你有人升职。谢利·盖布尔认为，有四种方式回应这一条积极信息：

❶ 中性+积极："不错啊，干得好……"（然后接着忙自己的工作。）

❷ 中性+消极：无回应。（"不好意思，你说什么？"）

❸ 主动+消极："开玩笑吧？意思说以后你旅游的时间都比我工作的时间多？"

❹ 主动+积极："天哪！太棒了，你一直很努力。他们怎么说的？你是怎么升上去的？再跟我说说呗。"

我希望自己对好消息的回应像钻石一般耀眼。然后，我回忆起了以前孩子们都还小的时候，他们会给我分享一些事情，我只会瞥一眼，敷衍地笑笑，然后继续忙着打字。太遗憾了！我想你应该明白我的意思了。回应积极消息要用心，提供正向反馈也一样。

人们不把正向反馈放在心上的原因是你还不够用心，你做出正向反馈仅仅是因为恰好听到了消息而已。事实上，你可能说了些“做得好”“继续保持”这一类的话，然后又赶紧去忙自己手上的事了。而“钻石”反馈则要花更多的心思——需要我们倾听、积极、好奇。所以，如果同事告诉你他们的报告做得不错时，放下你手上的工作，拿出诚意好好问几个问题，让同事尽情享受下被人关注的感觉！

情绪传染

我在本章最后的建议是，不要忘了“情绪传染”这个概念。员工不是一座孤岛，员工们会传播自己的情绪，也会被他人情绪影响，其中也包括你！和“认知传染”（分享思想）不同，情绪传染更潜移默化。

西格尔·巴萨德（Sigal Barsade）是情绪传染领域的先驱，他认为受情绪传染影响，人们就是“行走的情绪感应器”。许多领导者至今还秉承着老套的理念，认为工作不应该掺杂情绪。但是，无意识地表露并传播怒气、敌意、恐惧这类情绪都会形成不良文化。

好在这是一条双车道，积极情绪同样会形成优秀文化。越来越多领导者受此启发，打算利用这类新知识，给整个公司灌输热情、自信、希望这类情绪。这样一来，一切都会向好的方向发展。

积极领导力的10条建议

❶ 遇到困难时保持积极心态，帮助他人，了解他们的控制影响范围。

❷ 不吝啬自己的赞赏，并加大赞赏频率。

❸ 打造长处，鼓励优秀表现。

❹ 向榜样看齐，制订个人学习计划。

❺ 定期就个人行为征求反馈，并针对反馈采取行动。

❻ 有清晰的领导理念，既能指导你的行为，又能赢得团队认可。

❼ 对公司及其未来满怀真诚并充满热情。

❽ 遵守道德规范，言而有信。

❾ 值得信赖，尊重他人。

❿ 给予团队自主权和犯错空间，并赞许其成长型思维。

第4章

让自信加速领导力提升

领导者需要自信。许多领导者也会有“不懂”，或者患上“冒名顶替综合征”，这些都是提升领导力过程中会遇到的挑战。其实很多领导者都会有脆弱的时候（有时候这种感觉不可避免），因此本章主要帮助读者理解自信的真正含义，拓展个人领域，挑战个人信念。此外，还会对思维方式、行为方式，以及表现自己的方式带来可持续的变化。

问题何在

缺乏自信和过分自信带来的问题大家并不陌生，因为每天都会看到，十有八九还会亲身经历。领导者如果缺乏自信，就会限制自己职业生涯发展，滞留在舒适区内，并制约个人潜力的发挥。过分自信也会带来不少问题，极度自信的领导者通常会妄自尊大，或是过度乐观，决策草率。自大需要审慎来制约，就像焦虑需要安慰一样。

弗朗西斯科·道（Francisco Dao）在《公司》（*Inc*）杂志的专栏中称："自信是提升领导力的绝对基础。在未建立自信的前提下开展领导力培训，无异于以沙子作为地基盖房子。或许外表很好看，但终归不牢靠。"

但是，自信这个概念很难确切说清楚，科学家们也为此研究了数十年。这个概念不好把握，可能转瞬即逝，也有可能持续不断；可能让人惊喜，也有可能改变职业生涯发展。也就是说，这个词可能被滥用或误解。"自信"这个词既可以作名词、形容词，也可以描述一种情感。例如：

我对……不太自信

这段经历给了我自己创业的自信……

我很放松、很自信……

我想和你谈谈，我有自信……

此外，这个词还可以形容一种状态，例如：

我不是个自信的人……

我没自信。

除此之外，自信这个话题往往还会牵扯到性别问题。指导女性提升信心的文章和课程有很多，所以把自信这个话题和女性联系起来也无可厚非。我发现，虽然女性更经常和同事公开讨论自信问题，但可以肯定的是，男性和女性对这一话题都很感兴趣，科学也验证了这一想法。事实上，如果人们越是坚持把自信和性别联系起来，觉得男人总是自信，女人总是不自信，那么我们就越容易忽略一些亟须处理的重大问题。

运筹帷幄：自信是一种期待

自信不是天生的，不是无处不在的，也不是永恒的。

自信是可变的，是具体的，也是个人的。

好在，自信是可控的，所以很少有人会一直缺乏自信或过分自信，多数人的自信心都会随情况变化。例如，有人在带领团队时很有信心，而在被董事会问到个人想法时则缺乏信心；有人在公众演讲时性格开朗、鼓舞人心，而和一小撮同事在一起时却说不出话。

第一次了解到“自信是一种期待”后，我豁然开朗。我起初尝试自己定义自信，但好几年都没找到好答案，直到我读到了罗莎贝斯·莫斯·坎特（Rosabeth Moss Kanter）的著作《自信》（*Confidence*），才真正得到了解答。书中说：“自信无关乎乐观悲观，也不是性格特点，而是去期待好结果。”有自信时，人们会期待事情向好发展。有了这份期待，人们会努力，并希望成功。而缺乏自信的领导者想到的则是最坏的情况，也会在潜意识里产生一种心理暗示。

自信是一种期待。也就是说，想要获得长期自信，就要弄清你的思维模式，理解你的思想如何引发自己的感受、行动，如何影响得到的回应。

我们如果可以控制个人思想，就可以从缺乏自信转变成充满自信，从缺乏目标转变成目标清晰、积极向上，反之亦然。如果领导者能避免过分自信和冲动的行为，同时会提问题，不怕犯错，促进团队成员之间互相尊重，合作共享，那么他就有充分的自信领导好下属。

小试牛刀

假设自己在自信管理方面碰到了麻烦，具体到某件事情或某个触发因素（图4–1），回答下列问题：

❶ 起因是什么？

❷ 是如何让你有感触的？

❸ 你又是如何应对的呢？

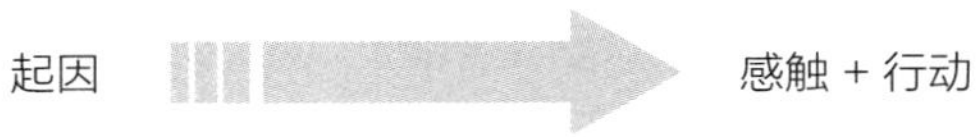

图4–1　触发因素和结果

例如，我自己就有一次记忆犹新的经历。有一次，出版商建议我在社交媒体上宣布新书即将发售，并着手建立起自己的粉丝团。但我当时很焦虑，把这件事至少拖延了两周。

写下自己的例子后，再回答第四个问题（图4–2中的想法）：

❹ 事情出现后，你对自己说了什么？

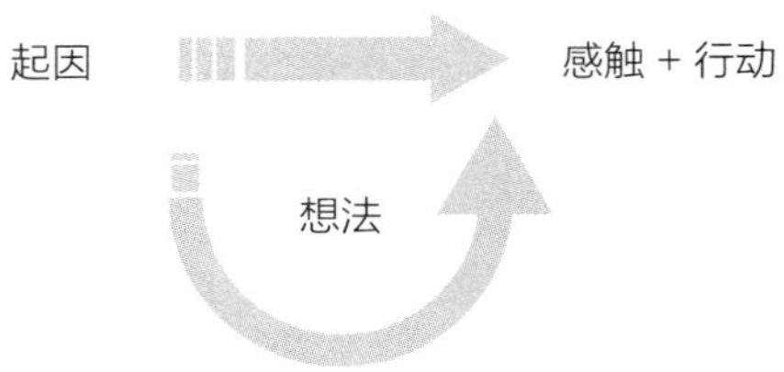

图4–2　起因和结果

老实说，我当时对自己说的是：你不能这么做，这太妄自尊大。收到的反馈不佳怎么办？有人责难怎么办？没人搭理我怎么办？太丢人了……诸如此类。因此，我因为焦虑而感到很不舒服，这事一拖再拖。

可见，实现自信的正确方法，其实就是注意到想法的能量，它可以带来完全不同的情绪和结果。如果期待最坏的情况，那就会感到焦虑无助。因此，如果改变想法，就可以调整情绪，改变行为，收到的反馈可能也会随之改变。当然，我后来还是发布了新书即将发售的消息，也收到了如潮的好评和鼓励。之前的负能量纯粹是庸人自扰！

虽然有点残酷，但是你一定要对自己坦诚，因为自我交谈不太可能是宽容友好的，也不会是你愿意和他人分享的事情（与我的例子完全不同）。

下文会举几个例子来证明想法的转变（Lauren）如何带来结果的不同。

例一

起因：劳伦正在向董事会做汇报，有一位董事说："劳伦，可以稍快一点结束吗，时间有点不太够了。"

想法：我知道自己这件事没做好，我讲的他们根本不感兴趣。这个级别的汇报我驾驭不了。大家都看着我，肯定觉得我做不好。我怎么能觉得自己能搞定呢？下一步该做什么呢？

感触和行动：我很焦虑，心跳加速。我听到自己开始道歉，声音犹豫不决。我说了抱歉，然后飞快地过完了剩下的十张幻灯片。

结果：董事会察觉到劳伦慌了，很惊讶她居然以这样的方式结束。原本董事会对这个战略规划很感兴趣，现在却开始怀疑这个方案是否像他们想的那么稳妥。

再来一次，劳伦带着自信上场……

起因：劳伦正在向董事会做汇报，有一位董事说："劳伦，请直接讲重点吧，你跑题了，时间也不太够了。"

想法：好吧，至少他们还对我的汇报有兴趣。他们很忙，但依然坐在这里。那我就不用幻灯片了，直接总结重点，我可以的。

感触和行动：我能掌控住局面。我说："由于时间问题，我就把方案简单地做个总结吧，一共有三个重点。以下是我们的行动方案……"

结果：由于劳伦时间控制得好，汇报时做出了灵活调整，她得到了董事会的表扬。董事会很重视该方案，并将于会后讨论。劳伦得到了自己想要的结果。

例二

起因：吉特进入了新的领导委员会，需要更有效地应对危机。他收到反馈，建议自己要在会上多发言，他之前喜欢听其他人讲，自己做些笔记。一次会议上，有人问他都做过什么贡献。

想法：我了解到的太少，还提不出有用的建议。我不了解整个情况，也不知道为什么要让我坐在这里，这是他们的失误。这些人都比我更了解情况，我要是说错话，肯定会被非议。

感触和行动：我在生自己的气。我知道自己不能再想了，但是我也不知道该什么时候发言。我说：“我没有需要补充的。”然后离开了会议，什么忙也没帮上。

结果：吉特发现自己想做出点贡献，但越来越难了。他的贡献越少，价值就越小。三个月后，他退出了委员会。

再来一次，吉特带着自信进入该委员会……

起因：吉特进入了新的领导委员会，需要更有效地应对危机。他收到反馈，建议自己要在会上多发言，他之前喜欢听其他人讲，自己做些笔记。一次会议上，有人问他都做过什么贡献。

想法：我把自己的想法说出来也不会坏事，不会有什么问题的。大家都在一条船上，所有人都在学习，包括我。

感触和行动：我有点焦虑，但还是开始发言。一位同事说完后，我接着向大家介绍了我在上一家公司面临危机时采取的应对办法。能在会议上发言，我很开心。

结果：吉特喜欢上了自己的新位置。他克服了自己内心的声音，知道如何发声，如何做出贡献。

找到自己的“小精灵”，然后驯服它！

和劳伦与吉特的例子一样，我们也会有一些自己与自己的交谈。如果可以理解、接受并控制这些对话，就再好不过了。要学会这些，首先要给另一个自己起个名字或者构想个大概的形状，然后再控制自己脑袋里想些什么。虽然这个办法听起来可能有点小儿科，但真的有作用。史蒂夫·彼得斯（Steve Peters）在其著作《黑猩猩悖论》（*The Chimp Paradox*）中说："这就像去驯服一只猴子。"

但是，我觉得这更像是去驯服一只"小精灵"。我的那只叫鲍勃，它很小一只，总是一副怒气冲冲的样子，坐在我的肩膀上。每当我出错、人们嘲笑我，或者我犹豫该做什么、不该做什么的时候，它都会告诉我。要是忘了搭理它，它就会大喊大叫。但是，我爱鲍勃，它给我安全感，让我保持理智，脚踏实地，当然有时它也要学会闭嘴！

给自己的小精灵取个名字，感谢它给你安全感，同时告诉它你已经懂了，它可以安静地在旁边坐一会儿。

你的想法从何而来

只要你知道自己的想法从何而来，你就可以计划下一步行动。你可以去拓展、喜爱，改变某些想法。当然，想法过多时也要适当丢弃一些。想法一定会有变化，这也是图4-3这个模型神奇的地方，自信程度可能来源于四个原因中的一个（或多个）。

- 你被告知自己是谁，能做些什么（例如：父母、老师、同事、伴侣、朋友）。

- 你看其他人，与自己做了些比较。
- 你有一些经历，做了一些事情，对自己的能力有了结论。
- 你对自己说了些什么，通过自我交谈给自己提升了信心。

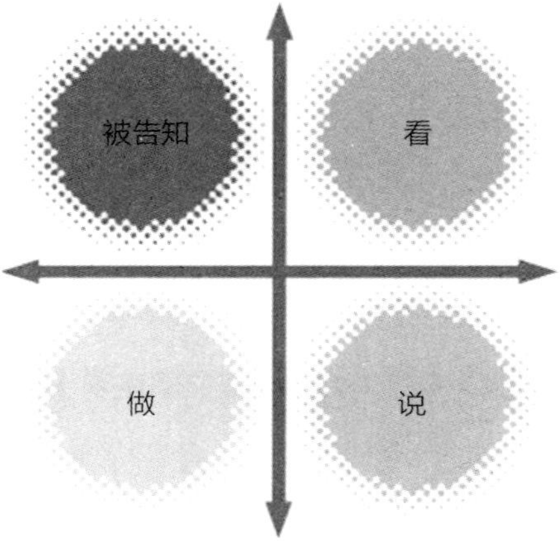

图4-3 自信的神奇矩阵

自信的广度和深度很依赖以上四个维度以及你自信的延续性。接下来，我将用一场公司内部的面试作为例子来说明，例子中四位候选人的自信程度各不相同。

诺埃尔：打小时候起，身边人就告诉诺埃尔，要坚强，不要犯错，凡事都要靠自己。现在，公司的新理念鼓励大家认识自己的薄弱点，他发现自己很难在面试中体现这一点。

瓦内萨：面试前，瓦内萨仔细研究了其他候选人的履历，查看了他们在领英（LinkedIn）网站上的简介、照片，她还四处打听了这几个人的情况，发现自己根本比不上其他人。面试官问她和其他人相比有什么优势时，她迟疑了。

戴夫：这是戴夫第三次面试领导岗位。他的反馈也一如既往，自己在面试中的表现就是不如平时好。戴夫开始相信自己不擅长面试，结果面试中他过度紧张，磕磕巴巴。

玛丽亚：玛丽亚控制不好与自己内心的交谈。每次遇到危机时，她就会预想一些糟糕的情况，比如要是得不到这个职位，职业生涯会受什么影响？会丢掉工作吗？会伤自尊吗？会得不到另一个领导岗位了吗？一旦想法出现了偏差，她就会表现不佳，所以当问及自己对未来工作的规划时，她回答得一塌糊涂。

四名候选人都面临自信危机，看似夸张，实则不然。在面试中，这样的想法再正常不过。而且，这样的想法其实是有利的。我宁愿面试既自信又承认自己有弱点的人，也不想去面试自以为通晓一切又不愿学习的人。

当然，要想达到目的，必须要掌控个人思想，确保个人思想不会过分影响行为。这也就是我即将在下一个部分谈到的——如何调整自信。在那之前，我们先来反思一下。

反思时间

再回忆一下其他经历，还有哪次自信出了问题。不要太宽泛，具体到某个情景，回忆自己当时的想法和感触。或许是一封邮件、一次高难度谈话、一个艰难的决定、一次演讲等。现在，你应该已经想好了，然后我来用前文提到的矩阵分析下你的想法和感触从何而来：

被告知：你的想法是不是反映了过去被告知的内容，比如应该做什么或有什么感触？应该如何表现？

看：你在把自己和谁做比较？

做：你之前什么时候经历过这种局面？

说：你在心里对自己说了什么？

现在，再回忆一次有自信的经历。同样，具体到某个情景（在该情景下，你觉得可以控制住个人情绪和行为，这也是我们的目标），然后再回答相同的问题。

都有哪些不同

我的客户在观察了充满自信和缺乏自信两种经历的不同后，发现了很多类似的地方。例如，在缺乏自信时，可能：

- 你仿佛是按照别人的想法来做事，而且还在尝试取悦某些人。你的话语往往可以反映这一点，可能会说很多“应该”。
- 你一直把自己和一些无法企及的榜样模范做比较，或者干脆和不认识的人比较，比如只是在社交媒体上见过、听过他们讲话，然后你就觉得自己比不上他们。长此以往，你会一直觉得自己不够好，不够聪明，不够成功，进步不够快，便会迅速陷入自我怀疑。

- 你此前面临过这种局面，且最后事态发展并不理想。你肯定自己不擅长于这个，言语中也有所反映。那么，很有可能你会再次逃避这样的局面。
- 你的自我交谈没帮到你，甚至还很消极。

在自信满满时，可能：

- 你早期学习过，或者已经可以不受外界言论的影响。
- 你主动向榜样看齐：谁之前把这件事办好了？谁又能解决困难、体贴入微、彬彬有礼、富有同情心呢？你可以征求他们的意见。你明白那些不认识的人可能也和你一样，忙着应对自信问题呢！
- 你此前面临过这种局面，且最后事态发展并不理想。这种经历在你看来也是学习。你主动请求反馈，并落实到行动。你认为该模式是你需要学习并应用的（更多关于成长型思维的内容见第3章）。
- 你对自己说的话是具有同情心的。即使出错了，你也不会过于自责。你明白，错误在所难免，你需要摆脱纠结情绪，果断决策。

锦囊妙计

五步提升自信

第一步：改变状态

为改变状态，则要思考该怎么做、怎么说，我认为，要改变目前状态，从生理方面出发最为重要。想象一下，你即将进行一次高难度谈话，你很不情愿，并为此十分焦虑。你坐姿是什么样的？你的面部表情会怎样？你的眼神交流又是怎样？

然后，想象自己又将开启一次困难的对话，但这次你已经有所准备。你清楚，这场谈话会很艰难，但你很有自信，也有不少有效应对的办法。同样，你坐姿是什么样的？你的面部表情又会有什么不同？

因此，缺乏自信时，哪怕只是一瞬间，你也要尽快做出调整：

动一下，进行眼神交流，身体坐直、前倾，双手要打开，表现出放松和开明。

相比于听到的，人们更愿意相信自己看到的。只有生理上释放了自信的信号，然后才轮到声音：

想想自己的呼吸、声音质量、音高、语速、语调。

听听你说起自己和某件事情的时候是什么样的。你的话语是充满自信，还是磕磕巴巴？是不是说话拖泥带水，满是惭愧之情？你选择发言还是倾听？

第二步：控制自己能力范围内的事

改变关注点也有助于改变状态。我们可以尝试只关注自己能力范围内的事情。假如，周五晚上，你收到一封邮件，让你周一早上参加一个重要会议。你开始胡思乱想，小题大做，你猜测自己有可能失业，房贷还不起，房子被收回去，未来也没了，自信彻底崩塌。你能控制的是什么呢？你能回一封邮件问问相关细节吗？你能在周末做点其他事转移自己的注意力吗？你能问问同事吗？控制自己能力范围内的事，对能力范围之外的事情，学会接受。

第三步：挑战自己的想法

宇航员克里斯·哈德菲尔德（Chris Hadfield）在其著作《宇航员地球生活指南》（*An Astronaut's Guide to Life on Earth*）中提到了消极思维的影响力。他说："我敢肯定，人生无论怎么发展，我都接得住，因为无论顺境还是逆境，我都考虑过如何应对。"

为获得自信，你必须控制自己能力范围内的事，结合实际，争取最好的结果。制订计划不是浪费时间，因为这样不仅会带来效益，还可以稳定情绪。这意味着你要：

- 充分考虑最坏可能。
- 设想最好可能（要和构想最坏可能一样详细！）。

- 期待最现实、最好的结果（并努力使其成为现实）。

第四步：假设

先骗骗自己。把很难搞定的一个人假设成你最好的朋友，接着你会做什么？假设你汇报时打哈欠的人只是有点累，假设你直脾气的老板不知道她已经冒犯你了，你接下来的行为和收到的回应会有什么不同呢？

第五步：行动！

“自我效能”是最贴近“自信”的术语，由心理学家阿尔伯特·班杜拉（Albert Bandura）提出，他认为，自我效能是一种“我可以”的感觉，最有效的提升渠道就是去行动，去经历。也就是说，必须走出舒适圈！

- 不多汇报，就无法在汇报的时候更加自信。
- 逃避有难度的谈话就处理不好困难的关系。
- 不走出舒适区，体验新的经历，就无法获得进步。
- 多发言，你的声音才能被听见。
- 只有自信的声音才可以解决不良行为。
- 要改变大环境，就要先改变你自己。

走出舒适圈这件事本身就不乏味。尝试做一些以前觉得不可能的事情（我最近在练单口喜剧），并享受学习这个过程。记住，自信也是会传染的，失败也会。因此，学会期待前者。

? 最后的思考

过分自信怎么办

本章大多数内容都是面向希望提升自信的领导者，因为这是我培训过程中发现的主要问题。但是，我想把最后的部分留给过分自信这一情况。如果过分自信发展到极端情况也就是自负，可能会导致不良管理，带来各种问题。领导者如果认为自己永远正确，不愿与他人合作，带出的团队战斗力、凝聚力肯定会很差。

我希望，缺乏自信的领导者在处理事务时可以更好地掌控个人思维、情绪以及行为，能和他人有效沟通。如果需要进一步帮助，请翻阅第10章，该章会解答高难度谈话的相关问题。

如果是一个盲目乐观、鲁莽无礼、容易冲动的领导者，我建议在工作中应有几分谦逊，适当时也需要示弱。对此，有相关研究表明，一个良性组织（个人、家庭、团队、公司）的关键在于既要自信，也要示弱。

哈佛大学的心理学家指出，去除偏见和拓宽视野的最佳渠道就是提问。同时，需要注意，领导者不能一开始就抛出自认为正确的答案，否则人们只会一味赞同。可以试试以下问题：

- 我在这方面有什么没考虑到的地方？

- 为什么我可能会犯错？
- 我们最大的竞争对手或评论家会对这个方案做何反应？
- 我还应该考虑什么？
- 还会有什么潜在风险？
- 你应该做什么？为什么？
- 假设我们没有这些选择，又能做什么呢？

关于自信的10条建议

❶ 不要追求完美。商业决策过于复杂，答案从来没有对错之分。

❷ 领导者最需要做的，就是收集合适信息，做出最佳判断，然后努力争取。

❸ 做出最终决策后就全心投入，不要怀疑自己，不要担忧自己的决策。

❹ 哪怕内心有时缺乏勇气，外表也一定要无所畏惧。

❺ 接受自己的不足，没有人可以无所不知，主动寻求帮助。

❻ 把自己的弱点当作杠杆，调节自信不足与过度自信。

❼ 要经常尝试新事物！走出舒适圈，感受新经历。

❽ 接受失败，接受不完美。人都会犯错，要从错误中吸取教训，获得进步。

❾ 记录下个人的思维模式，注意消极的思维习惯。通过刻意

改变想法来改变习惯。

⑩ 角度（而非完美）才是你最好的朋友。任何时候都要正确看待自己的领导者角色。

第二部分

领导团队

● ○ ● 第5章

调动积极性：调动团队积极性的12个因素

优秀的领导者会引导下属发挥所长，取得成绩。本章会强调个人成就的重要性，并提出增强团队积极性的12个因素。

问题何在

问题在于，你调动不了任何人的积极性。请相信这一点！我经常受邀帮助公司调动员工的积极性，鼓舞士气。每当被几百双眼睛盯着，人人双手交叉放在胸前，我几乎可以听到他们的嘀咕声——“来，看你能不能调动我的积极性。”这非常难！

积极性这个问题因人而异。也就是说，能启发我的并不一定对你有帮助。同样，让我积极性受挫的又可能是提升你士气的关键。

但是，先别急着沮丧，领导者是可以创造一定条件，从而调动起大家的积极性的。而且，领导者在创造条件方面起到的作用至关重要：你要去创造让大家发挥的空间。

要做到这一点，首先要了解什么是积极性，以及团队积极性下滑的原因。这个话题之所以复杂，是因为积极性会受多种因素影响，包括环境、任务、自信、健康状况以及个人面临的挑战。

本章旨在简化这些问题，帮助读者：①确切掌握什么是积极性，什么不是积极性；②提供12个策略，供读者评估团队积极性等级；③如何以此为工具，增强干劲，调动团队积极性。

调动积极性没有秘诀。人们既要正确把握当前局面，又要深入了解人性的变幻莫测。换句话说，既要努力思考，也要努力工作。公司处于紧张状态时，挑战和机会都有可能增加。

运筹帷幄：积极性（动力）量表

积极性是渴望（实现某些事）、意志（花费精力）与干劲（不怕挫折坚持下去）的结合。科学家口中的动力分内在和外在两种。

外在积极性由金钱、头衔等外在因素调动，一旦此类因素消失，积极性也会随之消失。尽管外在积极性（也就是常说的“胡萝卜加大棒”）有一定作用，但只能在短期内带来成果。

内在积极性则与工作带来的快乐和满足感有关，与奖励本身无关。内在积极性带来的效果是长期的。赫茨伯格（Herzberg）曾说：“不用表扬，不用惩罚，也不要金钱，要让员工做有意思的工作。”

在实际操作中，如果能读懂下面的积极性量表（图5-1），就会更深刻地理解什么可以调动团队积极性，什么无法调动团队积极性，下一步该做什么也就显而易见。

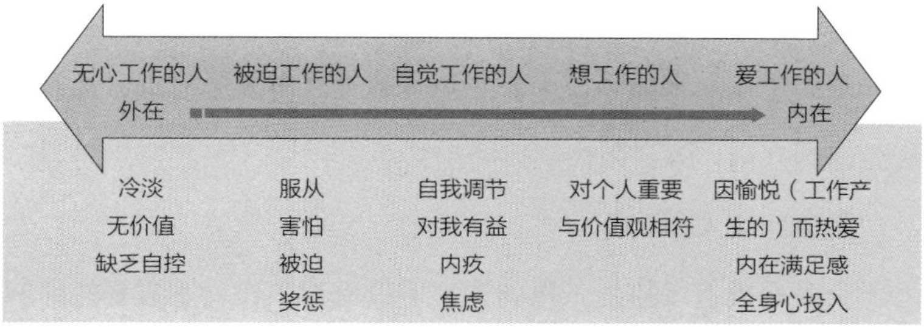

图5-1　积极性量表

无心工作的人

漫不经心，人在心不在，完成领导安排的活就万事大吉，谁也不愿意招聘这种状态的员工。在某个时间段，这种员工就会厌倦工作，厌倦团队，厌倦做事。

被迫工作的人

非常有动力的一种状态！服从、害怕、截止期限是这类人做事的动力。在这种状态下，奖励虽然有效，但只能在短期奏效。这种状态只能保证生存，长期来看对团队并不是合适的人选。但这类人的专注度往往不错。

自觉工作的人

该阶段的人会规划个人锻炼和饮食，列出新年计划和待办事项！明白工作会对个人有益，所以做事不需要强迫（这点和上一阶段不同），这些全都是依靠自我调节，但因此也常常会感到愧疚和焦虑。

想工作的人

逐渐进入内在动力的状态。想工作的人将在工作中有所成就，因为工作起来如鱼得水，工作任务符合个人价值观，还有可能会感到兴奋。但是最终依然期待奖励。

爱工作的人

全身心投入。热爱工作的人，可以无偿工作，不索要任何额外奖励。有趣的是，奖励甚至会影响投入的程度，因为热爱工作的人觉得自己热爱的事业不应该用奖励去衡量。

关于这五种状态，不得不提的是，很少有人会在工作时完全心不在焉，也很少有人能做到对工作爱得五体投地。换句话说，短短一天中的几个任务，甚至有时一个任务就能让你体验到全部五种状态。

例如，我在攻读博士学位的四年时间里，每个周末都不能休息，有很多次我都在短短几个小时里就体验到了这五种状态。比如，我可能会经历这样的心路历程："我不想做这个，但是没办法，有截止时间……""哎呀，露西，你必须要开始了……""我很想专注于这份研究……""我喜欢手头正在读的东西，让人很兴奋"，等等。

那么，这份积极性量表与你和你的团队有什么关系呢？以下是三个使用方法。

小试牛刀

❶ 要想更高效地利用这份量表，首先在自己身上实践。想一想自己24小时内在公司和家里完成的主要任务：

每种状态都是在什么时候体验到的？当时都在做什么？

在每种状态下分别是什么感觉？

身处困难阶段时，如何调动自身积极性，如何奖励自己？

如何才能在这24小时里多做自己喜欢的事？

❷ 倾听团队的语言。自己要多用激励性的语言，团队中便会渐渐出现这样的声音："我不想做这个……""我希望我能花更多时间做这件事……""我要完成待办清单"。

❸ 把这份量表分享给你的团队，找出一天中团队最常见的状态。我可以马上想到一个例子：

娜达纳此前在团队里是星级员工，但她最近开始不按时完成工作，也不与同事交流，总是低着头，比平时安静很多。在使用积极性量表后，她发现工作让自己心情沉重，自己每天都硬着头皮上班。她完成待办事项后，已经来不及做自己喜欢的工作——给新员工做入职引导。和经理沟通后，她的工作任务得到一定程度的调整，给她喜欢的工作留出了一些时间。虽然只是微调，但很有价值，娜达纳很感激经理对她的关心，愿意花时间跟她沟通，也愿意花费时间和动用资源帮她调整工作量。

锦囊妙计

调整量表，从"无心工作"到"爱工作"

"我能做些什么帮助团队增加积极性？"如果你也有这样的疑问，这一部分将帮助到你。

团队只有在取得进步时才能获得最佳表现，有12个关键因素决定团队是否进步。积极性轮盘（图5-2）中囊括了这12个经过实证检验的因素，我会简要概述这些因素，并帮助读者实践应用。

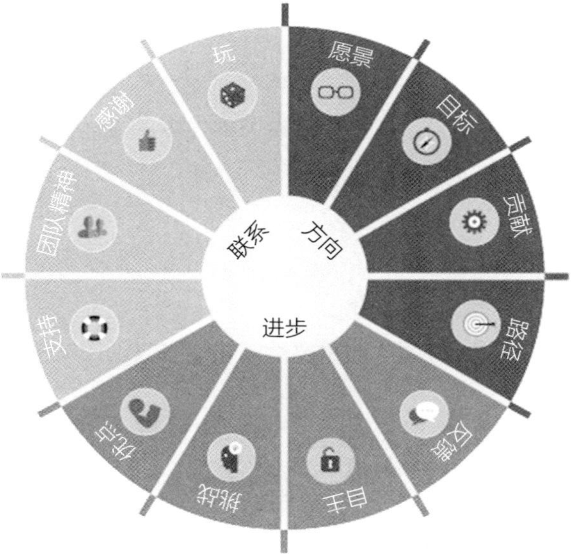

图5-2　积极性轮盘

培养一支飞速进步的团队

这12个因素可依下列标题分类：

方向——一支团队需要清楚前进方向，关注团队目标。

进步——队员需要清楚自己所做的事，需要处于不断学习的环境之中，要对手头做的事越来越擅长。

联系——团队合作、良好的关系都有助于团队进步，员工的付出得到认可也很重要。

我们再进一步详细介绍具体的因素：

方向

我们要清楚自己的前进方向以及这样做的原因：

愿景

- 团队清楚愿景，清楚你打算实现什么。
- 队员对未来感到乐观。

目标

- 队员为团队感到自豪。
- 团队队员认可团队的重要性，相信自己的团队独一无二。

贡献

- 队员知道自己如何带来更多的价值。
- 团队可以最大限度发挥个人潜力。

路径

- 队员有清晰的目标。
- 团队有下一步计划，也能如期实现。

进步

我们要清楚自己一直在进步，每天都在进步：

反馈

- 队员会定期互相反馈。

- 队员相信大家互相都以诚相待。

自主

- 队员承担责任。
- 团队相信自己的声音会被听见。

挑战

- 队员可以受到激励，获得进步机会。
- 学习对团队而言意义重大，大家对学习抱有积极态度。

优点

- 队员的优点得到认可和重视。
- 团队有机会进一步强化优势。

联系

我们要清楚自己不是孤军奋战，我们的努力也会得到认可。

支持

- 团队会得到你的鼓励，也会定期接受你的培训。
- 队员可以互帮互助。

团队精神

- 团队热爱合作，是一支优秀的队伍。
- 队员互相照顾，为同一个目标努力。

感谢

- 队员认为自己做的工作得到认可。
- 针对团队的努力，会有相应的奖励。

玩

- 队员发现了工作的乐趣，工作中充满欢笑。
- 团队知道成功和成绩都会得到庆祝。

反思时间

针对上述24个具体的因素进行反思后，请使用下面这张空白的积极性轮盘（图5-3）来测算你所在团队目前的积极性。我清楚，每个人的情况可能有所不同。但是，该练习会帮助你开始对轮盘上的12个因素进行思考。轮盘中央代表0分，最外侧则为10

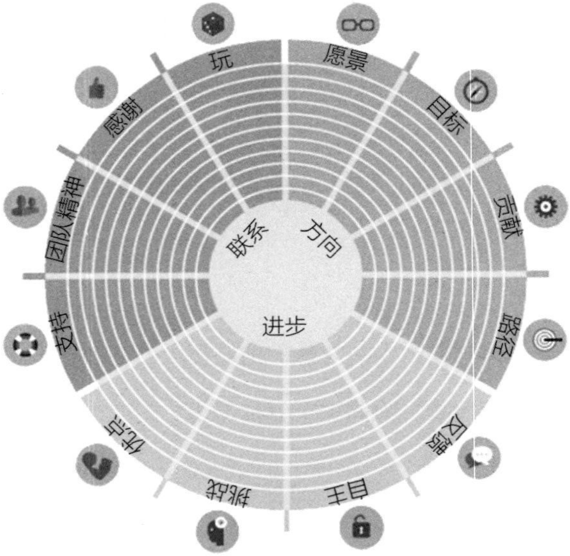

图5-3　空白的积极性轮盘

分，请为你的团队打出恰当的分数，得出分数后，再借助下面10个问题来指引你下一步的行动。

指导问题

1. 在积极性轮盘上，你的优势何在？
2. 你如何让团队具备该优势？
3. 如何继续强化这一优势？
4. 团队内部是否也认同这一优势？
5. 在积极性轮盘上，团队的缺点何在？
6. 造成这种情况的原因是什么呢？
7. 你认为还需要做什么来改善这一缺点？
8. 其余领导者在这一领域又是如何有效调动团队积极性的呢？
9. 你现在有什么迅速调动团队积极性的秘诀吗？
10. 你有什么有效的长期策略吗？

锦囊妙计

谋求改变的20条建议

回答完上述10个问题后，以下20条建议有助于提高积极性，帮助团队继续进步。选择适合自己的建议即可，有些建议你可能会中意，有些你可能并不喜欢，这很正常。把这些建议作为跳板，进一步启发团队和个人。

积极性需要所有人共同努力调动，这一点再怎么强调也不为过。把前文中的轮盘和量表分享给你的团队，让队员自己选择调动积极性的要素，并尊重他们的想法。不要把你自己的想法强加给他们，再好的想法也不要！因为你的目的是调动团队积极性，想法不过是调动积极性的激励因素。

关于方向的建议

❶ 愿景：团队领导者应组织一次关于愿景的五分钟演讲。在演讲中，你要展望未来一年中团队的发展；讲述团队工作内容，设立团队目标，讲述团队如何呈现最佳表现，如何发挥队员所长，营造何种团队氛围，你将从队员那里听到哪些声音，为什么所有人愿意成为团队中的一员。想好这些问题的答案后，着手准备演讲，并与团队成员一同付诸实践。

❷ 目标1：如果队员目标一致，且愿意为该目标奋斗，那么劲儿就可以往一处使。要和团队一同制定目标，因为团队是谋求改变的最重要单位。开始这一步之前先回答下列三个问题：

我们的团队做了些什么？

我们做这些是为了什么？

我们做的这些为什么重要？

❸ 目标2：收集“成功故事”——在团队会议中要提到这些故事，让成功故事在团队内流传，将这些故事与公司的愿景和目的联系起来。每周都要有一个成功故事，同时要为队员，也就是故事的主人公，写一封感谢信。

❹ 贡献：让队员及时了解公司和团队的全局发展。让队员知道自己在任务中发挥的作用，让这些人觉得自己与公司紧密相连。

❺ 价值观与贡献：研究公司的价值观，从中选择对你有特殊意义的一条。向某位队员讲述这条价值观对你的特殊含义，以及这条价值观如何指导你的生活。把这些与队员们分享，让他们更了解你。

❻ 路径：选择一个项目，将其视作一段旅途。简单构想一下这次旅途，设置几处里程碑。让团队在快乐和享受中达成这些里程碑目标。勾画出时间线以及达成目标所需的人手。计划每次里程碑目标达成后如何庆祝。

关于进步的建议

❼ 个人反馈：为自己寻求反馈。你多久才能得到一次有用的反馈呢？谁会向你反馈？现阶段你能得到多少来自不同人的反馈？你又如何提升反馈的质量和数量？为了实现这些，先选择自己特别想提升的技能，再选择两个会给予你诚恳且有建设性反馈意见的人。

⑧ 反馈实践：借助模型“做–思考–感受”来实践收到的反馈。也就是说：“在做什么事或说什么话时，我会想到……，我会感觉到……”此外，当场表扬也很好！“当场表扬/私下批评”体现尊重，也会取得成效。

⑨ 自主1：从月计划表中，选择一个对队员而言重要、新颖又充满挑战的项目。安排一次会议，向队员布置任务，设置好后续定期检查的时间节点，并审查进展情况（允许队员自己规定具体细节）。

⑩ 自主2：你交出主持会议的权力，让队员轮流主持团队会议。每周都由不同的队员主持会议，并且给他们5分钟，分享过去的一周中哪件事情让他们对工作充满热情。

⑪ 挑战：和团队一同优化奖励机制。考虑每位队员的个人优点，设置可以双赢互惠的奖励机制，比如技能培训和个人发展。因此，培训课程和技能课程虽然是针对个人的奖励，但同时也会惠及整个团队。课程结束后，可以让参加学习的队员向团队展示学习成果，增强团队学习能力。

⑫ “心流”与设置目标：鼓励每位队员向自己的队友分享“心流”的幸福感（即虽存在挑战，但自己的能力依然可以应对）——通常是涉及自己的爱好或喜欢的活动。交流并讨论如何能在工作中加入这些元素。

关于联系的建议

⑬ 支持1：花时间倾听队员的声音。一刀切的方法不可取，我们要为每个人找到合适的办法。不要有顾虑，可以提一些直接的问题，比如“是什么让你选择留在这里？”“什么会诱使你离开？”“什么激励因素对你而言有意义？”这类问题可以帮你了解到队员的价值观，并且保证激励方法可行有效。

⑭ 支持2：区分工作指导与私人指导。抽时间与队员一起喝杯咖啡，聊聊天，不谈工作。亲自去找队员，让他们知道你很重视他们。

⑮ 支持3：优化倾听技能。在指导课程中，尝试只去询问“什么”和“怎么”这类问题，不打断别人。

⑯ 感谢1：学会说“谢谢”。队员格外努力做项目时，或者是达成了你们共同设定的目标时，没有什么能比一句感谢来得更有用了。这句感谢要及时，且不能宽泛。比如：“谢谢你按时完成这份我急需的报告，我明早的会议就要用。”要让队员知道他们都做了什么以及他们的努力为什么弥足珍贵。在团队会议上也可以对该员工提出表扬。

⑰ 感谢2：记住每位队员的一些特殊日子，比如生日、纪念日、孩子的生日。可以送贺卡、发短信，或者在团队会议上送出祝福。

⑱ 团队精神1：鼓励团队内部互相提供有益反馈，从而增强

团队能力和适应力，收获积极且具有建设性的反馈。在团队会议上，可以让每位队员选择一名队员提出相应反馈。让每人从他人身上找到一个值得肯定的优点，再找到一个希望得到进一步加强的优点。鼓励团队在反馈时搭配具体的例子，以加强其反馈技能。

⑲ 团队精神2：举办一场比赛，打造新型团队奖励计划；或者让队员合作完成一个项目。

⑳ 玩：你的团队想怎么玩？这是一个很个性化的问题，但也有共性可寻。例如，每次团队会议之前都先玩几个小游戏暖一下场。开展主题日活动，为慈善机构捐款；还可以在休息时间给大家带点水果和小吃，想办法和主题日活动联系起来。

关于调动积极性的10条建议

❶ 要真心实意地了解每个人的幸福感和积极性。这些东西在过去半年是怎么变化的？开展一次有指导性的谈话。

❷ 有人漫不经心时，先别忙着指手画脚，扪心自问——这种漫不经心的状态因何产生？队员不配合你的工作时，你要试着寻找队员积极性的起伏历程，并尝试通过实际行动调动其积极性。

❸ 分享积极性量表和积极性轮盘。你的团队都有什么点子？队员对什么感兴趣？队员们又想做点什么不一样的？

❹ 清楚团队目标。用第三点中的三个问题来制定目标，以调

动队员积极性，并让团队看到目标，重视目标。

❺ 为团队带来挑战，同时确保挑战不能超越其能力范围。如果挑战难度过大而支持不足，只会影响团队的积极性。如果挑战难度过低，难免枯燥乏味。

❻ 研究多次验证，在雇员的职业生涯中，最能调动积极性的因素是其与老板的关系。领导者要让队员们这样评价自己："非常振奋人心""我得到理解和包容"。

❼ 鼓励创新型思维。根本没有所谓的馊主意。先让一支小团队研究这些新的想法，再决定是否进一步采取行动。

❽ 不要低估感谢的力量！一句真诚的感谢比任何激励因素的作用都明显。

❾ 要奖励外在积极性（见图5-1），给内在积极性一些时间。奖励会对人们喜爱的工作产生不利影响，因为面对喜爱的工作，即使没有奖励，人们也会尽力做到最好。

❿ 待遇要好，薪水要高，不在"薪酬奖励"之类的话题上消耗精力。这样一来，你就可以关注更重要的事情，研究队员究竟想在哪方面做出贡献。

第6章

基于优点进行指导：通过每次沟通发挥团队优势

基于优点的指导有助于帮助受训者探索自身优点，从而提升工作效率和工作热情。发扬优点可以促进优秀表现，那么怎样才能做到基于优点进行指导交流呢？成功在于实践。因此，本章包含了50多个该方面的问题，供读者回答及反思。

问题何在

相关研究表明，发挥优点可以促进优秀表现。但是，在实践中实现这一点却出乎意料地难，这主要由三个因素导致。第一，发展赋予了我们一种消极偏见[①]。也就是说，我们习惯于发现自己的问题、团队的问题、每天遇到的各种困难。本来你这一天过得还不错，但到家后，你讨论的却是天气差、停车难、人际关系差、会议延期、谈话太多等。

第二，第二次世界大战后，心理学专注于帮助人们解决焦虑、压抑、抑郁等问题。尽管研究做了很多，但是这样的研究方向被证明存在问题——因为该方向采用负面问题为导向的“病理学模式”。这种模式也影响到了公司和企业。所以长久以来，人们都忽略了另一个方向——我们哪里没出问题？我们如何让心理学研究转向更积极的方向？例如什么可以让我们感觉良好或者发挥得更好。直到世纪之交，马丁·塞里格曼（Martin Seligman）提出“积极心理学”这一概念后，该领域的研究才平衡过来。

① 指的是人们对负面信息有更大的敏感性。消极的经验，或对坏事件的恐惧，对人们的影响远大于中性经验，甚至是积极经验。因此，人类倾向于以避免负面经验的方式行事，并且更容易回忆过去的负面经验并受到其影响。——译者注

第三，有一种观点认为，在优点上下功夫这一做法不正确，甚至会招致危险；要想带来真正的改变，我们需要在缺点上下功夫。正如托马斯·夏莫罗·普雷姆齐奇（Thomas Chamorro Premuzic）在《哈佛商业评论》（*Havard Business Review*）中提到的：“忽略个人局限和缺点似乎有点奇怪，从理智出发这种行为甚至是不负责任的表现。一厢情愿的主观思维解决不了领导者遇到的严重问题。”

夏莫罗·普雷姆齐奇之所以这样讲，是因为他有一个观点——指导确实可以传达积极信息，但代价却是沟通将更加困难（见第10章）。但是，基于优点的指导并不是要让人自命不凡，也不是要忽略缺点，而是让我们先去关注自己的优点。马丁·塞利格曼在《持续的幸福》（*Flourish*）一书中指出，了解我们的优点是改变和发展的第一步。此外，最近有一位客户也对我说，了解优点是提升他团队表现的金钥匙。

运筹帷幄：锤炼指导技能

就像跑马拉松可以提高身体素质锻炼肌肉一样，虽然慢但是一定会有效果，基于优点的指导也一样，也需要锻炼，让“肌肉”强壮起来，这样就可以做到：

思维方式要积极

通过倾听发现优点

乐于实践

心态很重要

在指导开始前，指导者的思维方式、指导的过程和受训者三个因素都会最终影响指导结果。我将举三个例子来讲述思维方式的重要性：

萨拉：我是一名技术专家，之前从没接触过这些人的工作，也不知道这些人的长处是什么，甚至不知道这是否重要。

纳米尔：我们是朋友，是信息技术专家。如果我突然要指导这些人并挖掘其长处，定会招致嘲笑。

雷切尔：我们很忙，时间很少。还是直接告诉我，我的团队应该做什么比较便捷，通过指导去挖掘其优点不太容易做到。我知道，要少发号施令，多倾听团队的声音，但真的没时间。

即使指导方法再好，有了这三种想法都无法对指导结果产生积极影响。我清楚此处的问题：指导自己的朋友，乍听起来就有点别扭，指导确实也需要时间。此外，不管经验多丰富，指导者都会怀疑自己，信心不足。

不要因为这些停下你的脚步。从我的经验来看，哪怕是最难相处的同事，也会觉得基于优点的指导简单好用——即使这些人嘴上不会立刻承认。以下是三种有助于产生好结果的思维方式：

1. 我们的优势所在，就是我们的最大潜力所在。
2. 只有最大程度利用好优势，再改进弱项，才能成功。
3. 基于优点开展指导可以用最小代价换来最大改变。

通过倾听发现优点

优秀的指导类书籍都会强调倾听。显然，倾听是一项关键技能。但是，受消极偏见影响，不是所有人都擅长通过倾听发现优点。人们往往想要帮忙或者急于给出自己的答案，从而让倾听受到阻碍。此外，如果只关注问题，我们也会对优点视而不见。阻碍倾听的因素主要有三个：

分心

詹妮·范·胡尔（Janie Van Hool）在其著作《倾听的转变》[①]（*The Listening Shift*）中指出："倾听很困难，因为我们很容易分心，身体、思想、情绪、环境都会分散注意力。倾听不是一种卓越才能，也不是一种天分，而是自律和自我意识的体现，也是一种挑战。必须想办法隔绝各种外界噪声。"

急于给出答案

我认识的多数领导者都特别想提出自己的建议！你可能也发

① 书名《倾听的转变》尚未出版中文版，无既定译法，属自译。——译者注

现了这点：刚开始他们会提出一些开放问题，例如“你准备怎么办呢”“你下一步打算怎么做”等。但是一旦听到有什么自己能解决的问题，就会急着提出自己的看法、答案和解决办法。这样一来，指导就结束了——退回到“领导力平衡”的问题（见第1章）。

以（负面）问题为指向的倾听

通常，指导者的问题会围绕遭遇的困境，例如，“什么阻碍了你……”“此处真正的难题是什么”“有哪些障碍”。该类问题有助于揭示过去的问题和障碍，但无法帮助同事了解、挖掘、反思自己的长处。

乐于实践

和许多领导力技能类似，这件事最终还是要落到实践。以下三个练习可以帮助你锻炼“肌肉”，更好地掌握基于优点的指导。我建议：分别与团队、同事、个人进行三种方式的实践。

小试牛刀

时间线练习

在任何以团队为基础的指导实践中，我都会把这个练习放在首位，该练习对找到团队优势有巨大作用。

在周一早晨的团队会议上，让每一位队员粗略地画一幅上一周或上个月的时间线，其中标明高峰和低谷。时间线可相当粗略，如图6-1所示，上升曲线表示团队挺过困难时期并有重要收获。

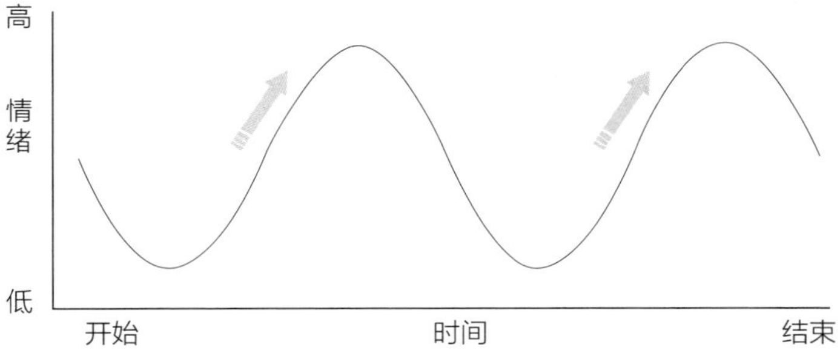

图6-1　时间线

或许你会关注具体的起落，但我认为，团队每次如何走出低谷更值得关注。图表中的箭头即团队的优势所在。试着用下面的问题练习提问：

- 我们团队利用了哪些长处走出了低谷？
- 我们从团队身上学到了什么？
- 什么至关重要？我们需要记录哪些有用的经验？
- 我们未来如何利用学到的东西？

很多优势其实已经内化，利用起来得心应手，该练习就是帮助团队找到这些优势。一旦意识到了这些优势，在未来便可以反复使用，这一点很有帮助。

小试牛刀

发现优点

找一位关系不错的同事，然后针对双方优点进行沟通，一次15分钟即可。重点在于提问（不是聊天）、倾听并寻找优点、反思获取的信息并进一步提问。通过练习，会得到两点启示：①专注于提问、倾听、反思，虽困难但值得一做；②关注同事的优点，你会更加了解他们。

以下是我在本练习中列出的10个必提问题：

❶ 工作中，什么会让你觉得这一天过得很成功？

❷ 做什么事情时你会觉得自己状态最佳？为什么会有这样的想法？

❸ 什么时候精力最充沛？

❹ 工作中，你多大程度利用了自己的优势？

❺ 如何在工作中进一步利用自己的优势？

❻ 什么给了你自豪感？

❼ 什么最能调动起你的热情？

❽ 有这样的热情时，你是什么感觉？

❾ 什么时候才能展现出真正的自己？

❿ 你会在何种情况下表达真正的自己？

小试牛刀

发扬与隐藏

我鼓励各位尝试在团队中使用优势测评，例如“克利夫顿优势评估”和“品格优势量表”，后者可免费获取，证据也极为充分（具体的优势见第12章）。

队员选择了自己的关键优势后（以及一般优势和微弱优势），你可以提出以下问题帮助队员对自己的发现进行反思。此处旨在：①帮助队员认识到自己关键优势的作用；②将这些优势和工作表现结合起来；③学习如何利用自己的优势。

关键优势

- 什么时候会用到你的关键优势？
- 各个优势都为你带来了什么？
- 这些优势让你有什么感受？
- 还能想到哪些新办法来利用这些优势使你获益？

工作

- 在工作中，自己的优势发挥得如何？
- 如何利用个人优势赋予自身活力？
- 什么情况下你利用不了自己的优势？怎样改变这种局面？
- 作为你的经理，如何能在工作中更高效地利用你的优势？

发扬与隐藏

- 为了应对目前的挑战，本周需要发扬哪个/些优势？具体要怎么做？
- 为更高效地应对各种困难，本周需要隐藏哪个/些优势？
- 为了增进与某某的关系，本周需要发扬哪个/些优势？
- 为了增进这种关系，本周需要隐藏哪个/些优势？

锦囊妙计

五步培训模式

如何将五步培训模式（图6-2）融入基于优点的指导交流中呢？如果你刚开始接触培训，请从头开始实践该模式。如果你已经具备一定经验，可以从该模式的第三步开始，从而通过构建积极因素、拓宽知识面来补充现有实践。

第一步　搭建

对于任何指导性沟通，有三个关键问题都需要在沟通开始之前先问问自己。基于优势的指导性沟通当然也不例外：

- 我能确保这是一次指导交流吗？（还是只是想让队员按我自己的想法做事？）
- 我们的性格有什么区别？（这是否意味着我需要调整个人

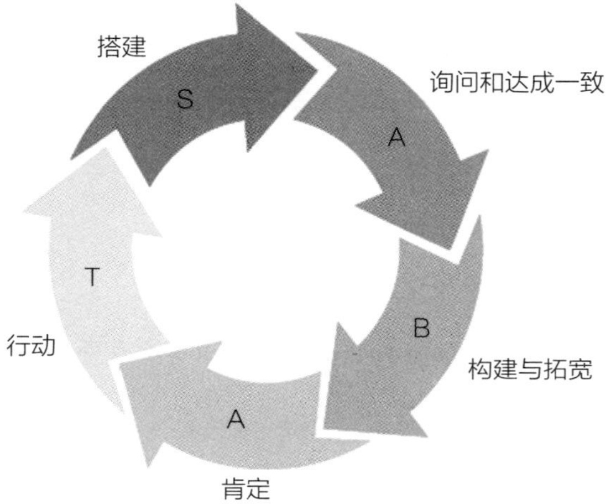

图6-2　五步培训模式

行为才能得到想要的结果？）

- 我的意图是积极的吗？（我是否有一个好状态迎接这次沟通？）

第二步　询问和达成一致

开放性问题是指导性对话的基石。因此，如果你刚开始接触培训，只问一些简单问题即可，例如“什么……”“如何……”，如果你的问题是以“你不觉得……”开头，那么你已经成为对话的实际引导者。这时，你需要回到上面的问题（以及第1章研究的问题），确认自己的意图。

这一步的主要目的在于询问和确定本次沟通的界限以及受训

者想要得到的结果。把本次沟通视为一份合同，这是保证对话不偏离轨道的重要出发点。基于优点的指导，其目标在于让受训者仔细考虑通过指导，自己到底想获得什么样的改变：

你想从哪部分先开始？

本次对话中最有用的关注点是什么？

今天你做的最有价值的事情是什么？

我们的培训结束后，你想在哪些方面有所改变？

第三步　构建与拓宽

这一步虽简单，却会为你的指导实践带来真正的不同。指导开始时，不要针对目前困难提问，而应该先构建积极因素，可以先让指导对象想想已经奏效的事情：

这样的事情什么时候会对你起作用？

这样的事情什么时候对你起过作用？

你以前曾经在哪里因为这样的事情而获得成功？

你做了什么不同的事情？

在《聚焦于解决》（*The Solutions Focus*）一书中，作者认为，应该在该阶段添加测量工具，作为大家衡量的基准。需要使用时，可以先让对方根据该标准给自己打分，10分代表最佳，0分则为最差。然后再询问对方该得分的缘由。

此后是拓宽认知。此处旨在帮助队员找到可以给潜在解决方案增加价值的人，从而增强自身能力：

还有什么有用？

公司里谁一直在做这方面的事？

谁在这方面是榜样模范？

我应该如何提供帮助？

利用这一步为指导性交流增加广度和深度。

第四步　肯定

这一小步常常被忽略，但却起着至关重要的作用。这一步，不但肯定了受训者独到的选择、宽阔的思维、正确的方向，而且也表明你在认真倾听，并且会有自己的思考。

你提到的这一点不错……

我很喜欢你提到的这点……

第五步　行动

在这一步，有许多具体的问题可以提。首先，每一小步都很重要！如果你有测算工具，就往前迈一小步。如果没有，可以提出下列问题。记得弄清楚取得进展时当事人是什么感受，别人是什么样的感受。然后记录下最后一个问题："还需要我怎么帮你？"最后，记住，指导是把自主权让给别人。因此，要选择他们喜欢的评估方式。

哪一小步可以将你向积极的方向推进？（朝着你希望的方向）

哪些行为可以让你多得1分？

你接下来打算干什么？

如何让你关注到所取得的进展？（如何让别人关注到？）

你需要我怎么帮你？

实践：五步培训模式

J是一位新来的高层领导，上任刚有一个月。他善于表达，平易近人，也乐意指导。以下是你与J的对话记录，右边是五步培训模式的具体步骤。如表6–1所示。

表6–1　五步培训模式的实践运用

对话	具体步骤
你：本次沟通你想聊点什么	询问
J：很多。我不知道从何开始，了解团队、建立信任、评估性格等	
你：好的，我们有一个小时。在这一个小时里，什么关注点会给你带来最大效益	对关注点达成一致
J：我想先聊聊 N。他是我们团队最资深的领导者，我非常努力想跟他建立信任。你之前和他共事过，可以给我点建议吗	
你：先给我说说你都做了些什么吧，因为在这个领域你是内行，情商也很高。你什么时候成功建立起信任了呢？什么时候觉得自己打下了信任基础	不要直接提建议，有点耐心。先提问题以构建积极因素
J：每当我慢下来，搜寻各种信息，给出决策原因后，就能建立起信任。我想，是我每次给出决策的依据后。但经常没有那个时间，所以我经常草草讲一下，对于一些反对的声音感到很沮丧	

续表

对话	具体步骤
你：很好，看来你已经发现什么时候能建立起信任，什么时候不能，也知道其中的关键。所以，你需要在哪方面多下功夫，才能更好地和这位同事共事呢	肯定： 构建积极因素
J：我认为建立信任需要更多时间、细节、依据	
你：很好。还有谁能帮到你呢？谁和 N 关系比较好？他们处事方式上又有何区别	拓展认知宽度
J: C 和 A 共事多年，他们俩虽然很不一样，但一起工作，很有效率	
你：不错。还有呢	拓展认知宽度
J: 好的，我再想想。我想，下次我和 N 单独交流时，我可以问问他的意见，不能一味按照我的想法去做。再给我们一点时间吧。可以设个时间表什么的……你觉得呢	
你：不错。你没花多少时间就解决了这个问题，也找到了你们性格之间的差异，并且还主动做出让步，以建立信任，得到更好的结果。这个想法很好。那么，你的下一步计划是什么	肯定： 行动（1）
J：我想，最简单又有效的办法还是单独交流一下。我今天下午就和他谈谈	
你：好的。你又怎么能知道你是否改善了你们俩的关系呢	行动（2）
J：现在还不确定。但是，如果他能跟我畅所欲言，我也在做出调整，应该就能好一些吧。这可能还是需要一些时间	

续表

对话	具体步骤
你：对，是需要一点时间。谢谢你，和我一起解决这个问题。后面还需要我帮忙吗	行动（3）
J：我自己应该可以搞定，但是下次我们单独谈话时我会向您汇报事情的进展。非常感谢	

反思时间

本章结束前，我想就回顾进展这一问题再说两句。进展是动力的基础，也是任何与优势相关的理念的核心。是否关注进展、奖励进步、庆祝成功，这都取决于你。

基于优势指导的10条建议

❶ 开始指导的前提是认识到队员们已经有优势，可通过提问来寻找优势。

❷ 和你的团队、同事一起，练习通过倾听发现优点。在关注点发生自然转变之前，主动要求开展针对优势的沟通。

❸ 你不要基于（负面）问题，而应该从解决办法出发。少问“为什么会出问题”，多问“什么时候是奏效的”。

❹ 加大考虑问题的深度和广度。通过构建积极因素增加广

度，通过拓宽认知增加深度。

❺ 成年人需要得到认可。对他们给出的答案表示肯定，对主动思考问题和解决问题的个人给予奖励。

❻ 克制自己想给出答案的欲望！控制住自己，问一个其他问题。

❼ 迈出的一小步很重要。鼓励受训者用最小的改变得到最大的成果。

❽ 获得进展能调动起积极性。要主动发现、奖励、庆祝取得的进展。

❾ 定期自我评估自己的进展。

（你今天有帮助别人提升表现吗？你有没有通过一些建设性的问题帮助别人发挥他们的潜力？你有没有认可并鼓励别人的成就？你有关注别人的未来潜力吗？）

❿ 坚持有效部分，放弃无效部分。

● ○ ● 第7章

少说话，多行动：领导多元化团队，建立具有归属感的文化

拥有多元化团队是一件好事，领导的团队拥有归属感则可以调动每个人的积极性。多元化与团队中的每个人相关，因此本章将通过实用策略帮助读者提升领导多元化团队的能力，更好地激励他人，取得进步，建立团队归属感。

问题何在

多元不是一种问题，而是一种解决办法。队员们性别不同，认知不同，各有优缺点，来自不同年龄段、民族、社会背景，这是很正常的事情。世界本是如此，客户也是如此，员工们也希望你这样想。然而，尽管提出了许多加强多样性的倡议，但结果仍然不尽如人意。例如，女性和有色人种在许多行业和公司的管理层所占比例极小。大约有三分之一的英国人和四分之一的美国人认为自己在工作中没有归属感；只有不到一半的英国人（美国人略多一点）认为自己的上司担起了多元化的责任。

那么，问题何在？总的来说，有五个问题：

❶ 多元不是文化的一部分。

❷ 我们潜意识里想要寻找相似。

❸ 人们都担心出错。

❹ “零和博弈”的威胁仍然存在。

❺ 走向多元并不容易。

我喜欢多元，曾研究并实践过该理念，我也清楚为什么这么多人会逃避这个话题。在上述五个问题中，“担心”和“威胁”是人们都想逃避的两种情绪。同时，我们努力寻找相似，渴望得到他人的喜爱和认可，这意味着现存的招聘模式、晋升路线、人才多元化计划在这么多公司里都已根深蒂固。通过进一步深入探索公司多元化方面的问题，我们可以找到可行的解决方法。要想领导和归属于一个既多元又包容的公司，就要从文化方面入手。我最近采访了凯瑟琳·雅各布（Kathryn Jacob）和苏·乌纳曼（Sue Unerman），这两人与马克·爱德华兹（Mark Edwards）合著了《归属感》（*Belonging*），这本实用书籍解决了传媒产业的多样化问题。苏建议，我们可以随意询问公司里的人，“谁掌握着多样化？”如果答案是“人力资源部门”，那么这就已经宣告失败。她的这个观点很棒。

多元化不是用来装点门面的，也不是简单地在方框里打钩。它要由大家共同完成，是扎根于公司文化中的一部分。这就是说，要实现多元化，要落在包容性和归属感上。苏还说：“归属感不是上层可以强行带来的。归属感要得到公司全员的认可，是所有人的切身感受。这需要大家共同努力。”

我们都渴望相似性，这一点我们要格外注意！埃米尼亚·伊贝拉（Herminia Ibarra）在2015年的研究表明，相似是工作关系起化学反应的决定因素。也就是说，我们容易被和我们有相似之处的人吸引，从他们身上就好像看到了自己。没有人不愿意和相处起来舒服的人共事。这虽然会让生活更轻松宁静，但却不容易得到成功，因为这样更容易排斥异己。

会担心些什么呢？一位客户最近问我：“我搞砸了怎么办？”这是因多元化而带来的担忧，因为怕说错话、做错事。如果这份担心再掺杂上“零和博弈”（不是你赢就是我输），也就难怪那么多关于多元化的倡议还没落地就夭折了。

走向多元化困难重重。但也许，你的工作就是克服困难，完成领导任务。丹·布鲁克（Dan Brooke）认为：“有时候，似乎多元化思想不能带我们走入那块应许之地。但只要坚持，牛奶和面包都会有的。”

反思时间

出发点

只要走在多元道路上，出发点在哪儿其实并不重要。下列问题也有助于帮你找到出发点：

1. 为什么在意多元化？
2. 你现在所做的事和多元化有什么关系？
3. 你是如何参与其中的？
4. 你还想做什么？

第一个问题最为重要，如果不与多元、包容、归属等相关问题建立联系，那么永远也走不上多元化道路。你可能只是让团队参加一项培训课程（你并不参加），或者招聘几个容貌、声音、思想不太一样的人，你就觉得自己已经尽到了责任。

事实上，多元化对重要业务很有好处，也有充分证据表明，多元化和与其相关的措施，可以为员工、团队、客户谋得真真切切的利益。哈佛大学长期从事该领域研究，历时十五年得出结论："多元化团队比单一团队更有效率，工作质量更高，决策更明智，工作更投入"。丹·布鲁克斯也提出过相似结论："不同身份的人会有不同的想法，不同的想法就是成功的秘诀。"

为了实现多元化，你的思维和行事方式都需要转变。因此，少言语，多行动！

运筹帷幄：少言语，多行动！

成功的多元化策略不能用数据衡量，它涉及包容性和归属感，需要很多人的共同参与，多元化与每个人有关。但本章的目的在于指导你个人如何做出改变。通过发人深省的问题和实用的练习，我会影响你的行动，向你展示其中重点。其实这些内容不会像你想象的那么麻烦（实际很有意思）。以下是四步行动计划（图7–1）：

意识：从好奇心开始。

鼓舞：领导者要顾及每一人。

强调：表明理解。

行动：赋予这一点更多意义。

图7-1　从意识到行动四步战略

小试牛刀

意识：从好奇心开始

第一步，通过三项简单的训练来培养个人意识：

❶ 看看在自己周围办公的人（如果是线上工作，下次团队会议时留意一下），你都看到了些什么？是一个性别、种族、年龄都搭配合理的团队？还是说整个团队里所有人看起来都差不多？

❷ 看看会议上都发生了什么？能产生多少多元化思想呢？这是多元化一直跳动着的脉搏。除了这些，你还应该观察谁有不同的观点，谁敢于提出不同意见，挑战权威。人们又是怎么处理这些异议的？是乐于交流并充满好奇，还是搁置一旁继续下一个议程呢？

❸ 假设有人来面试，也提前做了一些功课，查询了公司的管

理层，也了解了管理者的大概情况——那他们还会看到些什么呢？

- 每个人都看起来差不多，还是从性别、种族和地区等方面都体现了多元？
- 董事会是否多元？
- 公司的宗旨有没有清楚表达你对多样化和包容性的追求？
- 你最近有没有在这方面采取积极姿态、获得进展？
- 大家在公司里有归属感吗？

第二步，利用个人影响力来推动高层行动，不仅仅是因为多元化能为公司带来经济效益。如果一个人觉得“我不过是用来装点门面的，我无非是让团队更加多样化而已”，那么是不太可能调动这个人的积极性的，这就是科学家口中的“添加多样性，然后搅拌均匀”方法。只有追求高于经济效益的时候，多元、包容、归属这些元素才会起作用。换句话说，只有当一个策略可以囊括学习、创造、灵活、公正、人格尊严等众多方面，拥有更广阔的视野时，这条策略才能真正地实行下去。

鼓舞：领导要顾及每一个人

尽管讲述多元化的书籍、文章都会强调走向多元化是每个人肩负的责任，但如果高层不以身作则，不给与充分重视，那么公司最后便无法真正实现多元化。为在团队内培养包容性文化，需要从公司的三个层面做出改变：公司、团队、个人。本章接下来的两个部分，将一同探索你可以为团队及个人带来的改变，但首先要问自己一个问题：在这场影响全局的变化中，你将扮演何种角色？

思考：

案例分析

一份报告指出某公司多样化相关数据在全国排名靠后，该公司首席执行官和执行领导层公开承诺要加强多样性。为此，该公司拨款实施了一项旨在加强多样性的战略——“团结一致，走向强大”，同时投资了一个研究项目，以了解具体数据。在当前数据公布后，首席执行官表示公司要做的还有很多，并承诺公司在这方面会有改善。随后，该公司积极推出了多样性调查、多样性训练课程（必修），并使人员构成更加多样化。但是，在最近的一项调查中，员工对归属感的反响并不理想，有32%的员工表示没有归属感。公司领导层意识到，人员构成多样化并不一定可以转化为多样化思想或归属感。该问题对领导团队产生了巨大影响。在针对如何真正发现核心问题。进行了一场头脑风暴之后，公司决定采取一项更激进的策略。

在获得所有人允许后，他们现场录下了员工的话，之后再拿给领导团队听。领导者们在黑暗中安静地倾听员工的心声，这样更容易认同并接受同事们的想法。员工的话既感人至深又让人诧异，比如：

我第一次有归属感，是在“骄傲月”里看到我们整个部门都打了彩虹领带。

公司里几乎没有我这个年纪的女性。就算真的有，我可能也没有注意到她们。

我想了想我周围的同事，没有黑人，一个都没有。在我们的下一级里，可能每40到50个人里，才有两个黑人。显然，我游离于众人之外，没有楷模可以学习。

公司文化极为积极自信，就像那种“走，去酒吧，把那个问题解决下。我们都是哥们儿，都是能解决问题的人”。可我是那种下班只想回家的人，我难以融入这样的公司文化。

归属感？一想到上周听到的“对于老谋深算的人，你相当有吸引力”，我就根本不可能有什么归属感。

在心理健康周，我们部门举办了一次聚会。我从未像在这次聚会上那般对公司感到骄傲。聚会上，大家分享了自己遭遇心理问题的一些经历，包括资深领导者。这次聚会让我们坦诚相待，彼此同情，这一切前所未有。这是我在这儿工作这么久以来第一次做自己。

最后，我们迎来了一次突破性沟通，多数资深领导者分享了自己的故事，并决定让“归属感”成为公司文化的核心要素。

这便是引导兴趣和激励行动的方法。第一阶段是展示行动。关于工作中的不平衡问题，安弗利特（Amphlett）和拉维尔（Raval）两位专家指出了7条加强多元化的方法：

❶ 认真考虑在招聘阶段有哪些做法会阻碍多元化的发展，通过更新招聘广告文案、在可能吸引到各种人群的地方宣传等方法加以改善。例如，向求职者询问“文化契合度”问题时，带有一些暗示性偏见；某些词比如“无畏的”“占优势的”“发奋图强”等，可能会让女性求职者望而却步；“努力工作，拼命玩乐的环境”会让很多有孩子的求职者打退堂鼓。

❷ 强调自己渴望通过员工评价、调查问卷等方式倾听大家的声音。

❸ 获取当前多元化的相关数据，设置新目标激励众人，并对进展情况进行公开。

❹ 建立并鼓励参与多元化网络。

❺ 制订多元化培训计划，定期审核更新。

❻ 所有经理和领导者都要肩负起多元化和包容性的责任，并将多元化关键业绩指标作为其目标之一。

❼ 对骚扰和霸凌零容忍。

许多领导者在该阶段仍然可以当甩手掌柜。但在第二阶段，领导者需要亲自参与并为此负责。上文中的案例分析指明了手头的问题，更重要的是，证明了领导者已经做好解决问题的准备。

问问你自己：

- 高级领导层关于多元化展开了哪些沟通？
- 公司如何庆祝改变？

让我们把目光从反思转移到实际行动上。在后两部分中，我们将探索实际方法，帮助你以身作则对团队存在的差异表示同情和理解，引领多元化思想。

强调：表明理解

多元化相关的目标往往让人感到抽象或者由于过于宏大而难以付诸行动，但团队应该有包容性和归属感。凯伦·布莱克特（Karen Blackett）是一家巨头媒体公司的首席执行官，在2018年被英国首相任命为“种族平等商业冠军”，同时还是英国内阁办公室非执行董事。她以漫威电影《复仇者联盟》为例，指导建立了一支成功的多元化队伍。

我认为，最好的团队要由不同的人构成，八仙过海各显神通，就像《复仇者联盟》一般。我们需要队伍中的队员互补，而非互相竞争。没有人期望队伍里全是绿巨人，一支理想的队伍应该有绿巨人、美国队长、钢铁侠、黑寡妇、绯红女巫。

锦囊妙计

你是什么样的人

在增进团队理解、发展认知多样性的方案中，这项训练是我的首选。该训练的前提是多数人并不欢迎多元思想，而希望人人都和自己的想法相仿。这八个问题可以催生更好的多元思想沟通，并激发人们对不同回应方式的共情能力。

让团队知道，你将带来一项新的训练，该训练有助于培养多元化思想，学会对差异抱有欣赏态度，同时还会让团队知道为何你认为这项训练对团队意义重大。也可以跟团队分享一下马修·萨伊德所著的《反叛思想》（*Rebel Ideas*）这本书。书中观点的前提是："个人阅历多样化的团队对别人会有更丰富、更细致入微的理解。"萨伊德认为，能真正共事并敢于质疑领导者的多元化团队会做出最佳决策。

首先，我建议，将这八个问题在任何形式的团队会议开始之前发给团队里的每个人。给予他们充足时间用于思考答案——尤其是有些内向的人更需要时间。

你可以在团队会议上和大家一起分享答案，但我更喜欢先让两人一组开始反思。这样，他们有时间交流和分享，然后再以小组为单位向整个团队反馈自己学习到的东西。比起让某人单独上台并讲出自己内心深处的感受，这种反馈的方法或许更舒服一些。

1. 处于最佳状态时，我……
2. 为了让我做出最佳业绩，你需要……
3. 我更想通过……方式沟通
4. 压力来袭时，我感觉……
5. 你可以发现我面临压力或内心矛盾，因为我会……
6. 通过……你可以把事情做得更好
7. 通过……你可以把事情变得更糟
8. 关于我，我希望你知道这件事……

行动——让多元化真正有意义

以下是实施多元化计划的实用方法，用以增强团队与公司的默契和归属感。

锦囊妙计

让它有意义

- 指导。说到指导，人们往往认为，应该是由一位你仰慕已久的资深领导者进行指导。但我建议，这个过程应该恰恰相反，即让一支资深领导者欣赏的年轻团队展开指导工作。这个反向指导的过程，可以让你获得代际理解和兴趣。《归属感》的作者强调："让年轻队员提问发表观点，和资深领导者共事，你实际上就提供了畅所欲言的新机会。"

- 会议。努力让人们在你的会议上感到踏实，强调每个人发声的价值。为了实现这一点，与团队设定明确期望。让大家轮流主持会议，鼓励每个人都发表观点。要积极倾听并时常总结："你说这个时，我想我听到的是……"
- 不能让薪水最高的人掌控一切。不要一来就先发表自己的观点！
- 将消极情绪或不必要的玩笑扼杀在萌芽状态。如果某个团队成员喜欢散布消极情绪，或者用一些不恰当的笑话排斥别人，就和这些人谈谈吧。要讲清楚，让大家知道这支团队不能容忍消极情绪。如果消极情绪存在，这种情绪会迅速传播，影响更多的人。
- 面对你不理解或不同意的观点，试试ACE法，自己先实践，然后再指导团队。这是增进理解和共情最简单、最有效的一个方法：

承认（Acknowledge）　承认对方的观点有趣。

了解（Clarify）　通过提问进一步了解该观点。

解释（Explain）　解释自己的观点。

例如：

（承认）约翰，显然你很喜欢我们现在的工作方式，我想听你进一步阐述。

（了解）你提到的“我们让大家都参与时减缓了工作进程”是什么意思呢？你想要的是什么？我们又如何实现呢？

（解释）我的目标是包容各种想法。我们一起讨论一下如何实现这一点，同时在某些讨论中强调节奏效率的重要性。

- 每个月的工作日程都要兼顾多样性和包容性。不要忽略这一点，或仅仅是蜻蜓点水。让多样化真正有意义，关注大家为之所做的事情。
- 分享你的故事和见解。没什么比分享自己的故事更有用了。想想自己之前像个外人，没有归属感的时候。由你带头，找恰当的时间分享自己的见解。
- 确保团队中的人才得到肯定。不要让这个过程很随意（比如在酒吧聊天，一起打高尔夫球等场合），而要认识到自己有责任让团队中的每个人都受到关注，并让这个过程变得正式。许多非常有才华的人，就是因为没有得到肯定，最后选择离开。
- 接受失败。只要能从中吸取教训，失败完全可以成为会议的一部分。少责怪，鼓励大家从错误中学习。不要问“发生了什么”“为什么”，而要问“我们怎么确保下一次更好”。
- 避免小团体性质的活动，例如：夜晚的聚会、打高尔夫球、下班后喝酒，要想各种办法让大家喜欢待在一起。

- 庆祝在多元化方面取得的成功。留心人们有归属感时能给团队带来哪些改变，为你和团队做出的努力和取得的进步感到自豪。

本章旨在增强大家多元化的意识，鼓励大家行动起来，帮助大家增进对不同观点的理解，取得有意义的进展，以培养归属感文化。我建议你每周在反思时问自己："本周，我是如何帮助大家以自己独特的方式做出贡献，同时又让他们感到这些不同的想法、做法不会给自己带来任何风险呢？"

关于构建多元化、包容性、归属感的10条建议

❶ 人人都应该享受到多元化带来的好处。确保自己不会进入零和博弈（我赢即你输）的局面。加强对多元化的认知，让人人都从中受益。

❷ 允许会议上出现各种不同的声音。努力让更多人敢于发声，并对不同的声音表示欢迎和欣赏。

❸ 尽管增强多样性是每个人的责任，但领导有责任起带头作用。保护差异，意识到有人被排斥时要及时发声或采取行动。

❹ 多元化需要努力才能实现。不要只停留在"多元化很好"，要认识到"多元化很好，但多元化的实现需要努力"。激励大家为此努力奋斗吧。

❺ 让快乐和联系最大化。面对多元化不要想着一本正经的做法。如何将不同思想的人聚在一起解决问题，这也是团队归属感带来的快乐。

❻ 接受大家提出的反馈，并针对反馈做出改变。可以这样问："你想让我做出哪些改变？"

❼ 让大家都敢于犯错。鼓励从错误中学习，建立尝试不同方法的信心。

❽ 根据队员的具体优点来解决问题。关注从不同维度解决问题后取得的不同结果。

❾ 没有归属感会让人们噤声，归属感会解放观点。并且人们有了归属感以后，才能百分百投入工作。

❿ 自学。途径有很多，你可以读文章（《福布斯》《哈佛商业评论》都不错）；听播客节目（例如"改变的意愿"或者"包容性作品"①）；刷博客（"伟大的科学中心"②就是我即将要学习的）；观看TED演讲等。

① 播客节目英文原名分别为 The Will to Change 与 Inclusion Works，中文翻译为自译。——译者注

② 博客英文原名为 Greater Good Science Centre，中文翻译为自译。——译者注

第8章

成为一名真正以客户为中心的领导者

许多领导者都敦促员工要把客户放在核心位置。可是，尽管一直以来人们对此都抱有极大的热情，但能真正以客户为中心绝非易事。客户体验往往更多靠数据，并没有落到人际互动上。本章提出5条准则，旨在优化客户体验，让你的公司真正做到以客户为中心。

［乔·黑尔（Jo Hale）对本章贡献巨大，乔是一名关注客户的领导力专家，在全球电话客服转型、影响董事会战略决策、鼓励企业服务客户方面有25年的深厚经验。］

问题何在

下面是一个假设场景。

案例分析

有一家专注于女性运动服装的零售公司，它的企业价值观在官方网站及公司内部随处可见，领导者也时常向员工们强调——顾客、团结、激情、创新。在该价值观的影响下，公司决定重新发布一款瑜伽应用，该应用要真正实现用户互动。该应用内，用户可上传个人瑜伽训练视频，并收到实时反馈。信息技术团队对产品也十分满意，应用发布初期，用户好评不断。

之后，新冠肺炎疫情暴发，人们不得不待在家中，自然也就有更多时间可以做瑜伽，因此对该应用软件的反响更加热烈，受欢迎度远超预期。但是，软件开始出现故障，顾客在登录和反馈方面遇到很多问题。客服中心的工作量增加了67%。面对顾客的反馈，各部门反应也不同，没有一个统一的解决办法。以下是各部门反应的简况：

信息技术团队：对软件很满意，认为自己大获全胜。

电话客服中心：人手不足，工作超负荷，需要更多资源，还需聘请兼职员工帮忙。

人力资源部门：电话客服中心人数已经足够，不能增加。

财务部：由于零售商店的诸多问题，必须削减开支，不支持纳新。

管理层：取消电话服务，改用邮件联系，客户会在28天内收到回复。

用户的情绪由兴奋转向失望和恼怒。

由于该公司没有回应，用户转而在社交媒体上公开各种负面反馈，并告诫其他用户不要使用该软件。

这样就导致用户净推荐值骤降。

由于董事会分红与该数据挂钩，这件事引起了董事会的重视。

公司随后聘请了一名顾问，电话服务恢复，临时员工就位，此前积压的用户问题处理完毕，信息技术团队也修复了软件故障。不到三周，各项问题得到解决，但用户信任和品牌形象均严重受损，同时还流失了不少用户。

董事会怪罪管理层，管理层把责任推向人力资源部门，人力资源部门推责财务部，财务部甩锅客服中心。最后，矛头都指向了信息技术团队。

矛盾即在此处。受全球化的影响，公司从技术到沟通，一切都发生了变化，而唯一不变的就是客户。彼得·德鲁克（Peter

Drucker)认为："公司的目的不外乎是创造客户然后留住客户。"尽管该主张提出了六十年，但直到今天许多公司对这一基本概念依然认识得不够清楚。

优秀的产品固然重要，但更重要的是客户体验。客户体验可以提升客户忠诚度，打造长期关系，客户体验其实早于客户对产品的使用或者对服务的体验，而且将持续整个产品周期。客户希望能够轻松找到、使用（退回）你的各项产品和服务，希望和你互动，有时还希望能够彼此见面。客户希望得到按需升级的机会，希望自身体验能够进一步优化。他们想要让自己的体验有互动性、可掌控性，也想知道自己作为客户的重要性。这一点从未改变。

但领导者很容易忽视客户面临的现实，如上文的案例分析那般坐井观天。尽管领导者总是告诫下属"一切要以客户为导向"，但实际上，客户往往不过是一份数据——汇报给上级的投诉数据、用户流失及留存率、利润指标或者供行为经济学家研究的视频资料。顾客被用来衡量、获取信息、生成模型，最后被塑造成公司希望的样子。

运筹帷幄：客户是鲜活的人

为了不让案例分析中的情况重演，客户体验需要回归本原。

真正以客户为中心的领导者需要具备五条核心准则（图8-1）。这需要我们亲身体验客户感受，体会客户情感，并以此作为制定公司战略和衡量标准的重要依据。

图8-1 以客户为中心的领导者之五条核心准则

准则1：倾听和学习

每一天，你都会听到关于客户的一些事情。你会仔细倾听吗？你会帮助别人倾听吗？

若想成为以客户为中心的领导者，第一步便是自我学习。在学习后面几条准则之前，请先站在客户的角度看看。用下列问题反思一下自己目前所处的等级。

你的目标是体验客户的真实感受，并与其建立情感上的联系。这不是一段婆婆妈妈的废话——客户体验不是对客户的纵容，而是公司的立身之本。需要强调的是，此处的客户体验同时指向内部客户和外部客户。

回答完下列问题后，和团队分享一下自己学到了什么。不要互相推诿，把问题归咎于其他部门，例如“如果不是销售部/人力资源部/信息技术部，也不会……”。这是倾听和学习的过程。客户和公司接触时，客户会说什么、做什么？又会有哪些感触呢？之后，再和上层领导分享自己学到的东西，让他们回答同样的问题。一同学习对了解客户具有巨大帮助。

反思时间

你的客户意识强吗

❶ 今天，从你们公司购买商品是种什么体验？（真正按照字面意思去做：去你们公司购买商品——致电客服中心——报告服务问题——退回产品。）

❷ 从客户角度出发，哪些很容易？哪些又有困难呢？

❸ 本周，你是否从某位客户身上学到了什么？

❹ 客户和你交流时，你希望他们感受到什么样的情绪？

❺ 公司客户流失的根本原因是什么？（客户又跑到哪去了呢？）

❻ 哪些以客户为中心的行为会得到奖励？

❼ 在影响团队提供优质服务的诸多障碍中，哪一个最令人沮丧？

❽ 为提升客户体验，你最不想做的事情是什么？

❾ 在领导层会议中，客户处于什么位置？

❿ 在领导层会议中，多久讨论一次内部客户关系和竖井心理[①]？

准则2：关心客户

通过思考客户对公司的情感历程，我们可以发现其中一些问题的答案。此处，你的目标应该是把客户互动从一种交易活动转换为一种情感互动——改变个人观点，客户不是数据，是值得我们建立关系的鲜活的人。

和我共事过的多数领导者都了解“客户之旅”这一概念。“客户之旅”指的是，客户和公司接触沟通时所有珍贵的瞬间，

① 竖井心理：一种团队内部竞争而不合作的心理。——译者注

从你给客户讲的第一句话开始到关系结束。我在此更进一步，建议读者把“客户之旅”绘制出来，包括关键数据和支持这些数据的过程。

但是，当你审视自己与客户的关系时，有两个重点需要考虑。没错，或许你了解这些数据，但这个过程中客户在哪儿呢？真正重要的不是客户做了什么，而是客户说了什么以及客户的感受。言语和感受之所以重要，是因为情感体验才会建立忠诚和信任——从而最终决定用户净推荐值（或者客户满意度测评）并带来源源不断的商机。

科林·肖（Colin Shaw）和约翰·埃文斯（John Ivens）二人合著的《建立优质客户体验》（*Building Great Customer Experiences*）一书中指出，有69%的客户称客户体验中情感占50%以上，这话是有道理的。作为人类，每当我们有什么体验，大脑神经都是先走感情再过逻辑。想想，客户体验中情绪越激动（无论好坏），是不是就越难忘？肖和埃文斯认为，感情是可以带来不同的重要因素，但却也是今天最为企业所忽视的一笔宝贵财富。其实感情可以让黯淡的世界重新色彩斑斓。

此处，我们再来仔细分析一下此前的虚拟案例。客户使用该公司软件后，会有一系列行为，如图8-2所示。

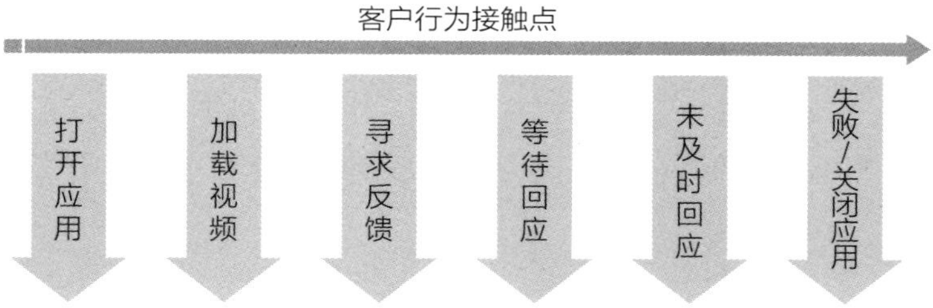

图8-2　客户行为接触点

这种方法有一定作用，可以让公司就软件的功能做出调整。但是，如果我们在其基础上加上情感体验，又会怎么样呢？客户感情接触点如图8-3所示。

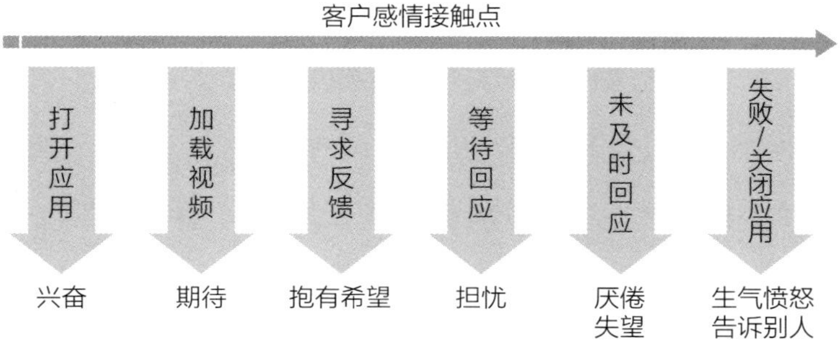

图8-3　客户感情接触点

现在，图8-4清晰展示出了情感对客户——结果的影响，所以这些数据也就更有意义。2013年，科林·肖就这个话题写了一篇很有意思的博客，题目是《即将改变（却并未改变）商界的十五项数据》，其中包括以下四项相关数据：

- 十二次优质体验才能抵消一次负面体验产生的影响。

- 客户与公司的负面互动波及人数是正面互动的两倍。
- 吸引新客户要比留下现有顾客多花六倍工夫。
- 每有一个客户投诉，说明还有其他二十六个客户心存怨气但默不作声。

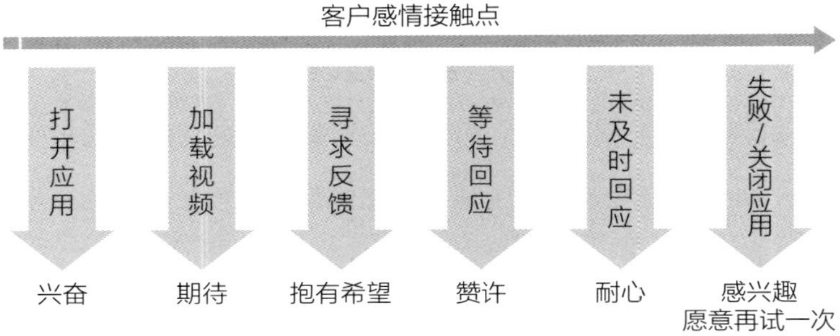

图8-4　改良后的客户情感接触点

显然，该公司需要修复应用软件存在的问题。但有时，短期内立马修复并不现实，所以应该先照顾客户情绪。在修复软件时，不应该取消电话服务，反而应该通过电话服务安抚用户情绪。诚然，这样做可能在短期内花费更大，但总好过在技术问题解决前就流失大量客户吧。因此，抢在客户情绪转为负面之前，及时干预制止。要知道，如果能和客户进行沟通，客户也会更体谅公司的难处。

小试牛刀

以下是一个省时的实用练习，我和许多领导者在研究客服对客户情绪产生的影响时都使用过。

查看图8-5中的各种情绪。

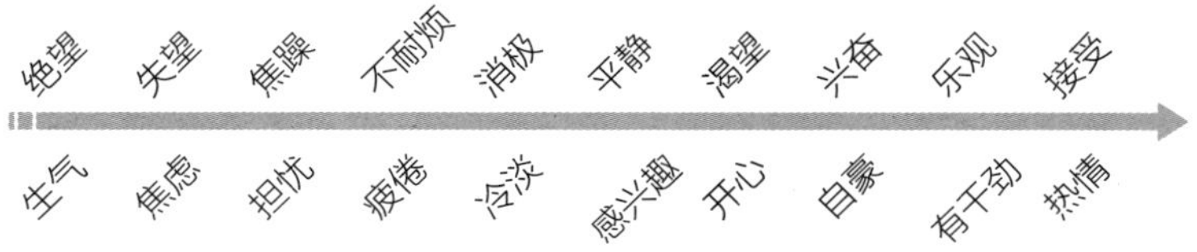

图8-5　客户情绪

❶ 从你的“客户之旅”地图上选取一部分（内外部客户均可），该部分要包括图8-5中4/5的客户情绪接触点。

❷ 在各个阶段，你想让客户有什么情绪？

❸ 根据你的经验或者研究，客户的实际情绪是什么？

❹ 如果前两个问题的答案不一致，在你部门能力范围内你能做什么事？

❺ 你又能怎么做来提升这种用户体验呢？

准则3：着眼公司内部，让每个人参与其中

“人多力量大”是我母亲最喜欢说的一句话，尤其是我们兄妹们做清洁时。现如今技术飞速迭代发展，我母亲的口头禅也更加适用：各部门齐心合力，我们就会找到实现合作并打造完美客户体验的新方法。可是，许多公司内部竖井心理仍然根深蒂固，此前案例分析中的情况其实非常常见，做事的出发点也仅满足于自保。

为测试公司是否存在竖井心理，可以试着把这个问题拿给公司各部门员工：

谁对客户体验有决定性影响？

如果答案是“所有人”，那可太好了！如果答案是“不知道”“销售部”“客服中心”，或者“不是我”（这个答案更糟），那么公司就已经深受竖井心理之苦。此处我们也需要反思，如果你自己会说：

我不参与制定战略

我无法定义客户体验

我没踏上过客户之旅

不是我的问题

那么你就已经成为问题的一部分了。

公司的外部客户体验直接反映内部客户体验，这一点早已是老生常谈。如果公司内部不团结，外部客户体验便会受损——在流程解决方案上投钱再多也无法解决这一点。如果公司各部门间沟通流畅，有共同的目标和一颗为客户负责的心，那么还是有机会改变客户的这种不良体验。客户可不会在意公司内部是否团结，他们只关心自己的期望值能否满足（是否偶尔能让他们开心）。

这个问题的答案，在于培养一种人人有责的意识。只关注某一个接触点只会歪曲客户目前面临的情况。客户体验专家罗森（Rawson）等认为：

一次电话、一次实地考察或其他互动方式都无法满足多数客户。事实上，客户根本不在意单独的某个点。提升客户满意度需要多点配合作用，积累客户体验，而这一点少有公司可以做到。

锦囊妙计

用两个观点粉碎竖井心理

❶ 要粉碎竖井心理并培养人人有责的意识，最便捷的方法就是共享指标。也就是说，公司里每个人的目标都应该与提升用户净推荐值或用户满意度相关。

❷ 整个公司达成共识，共同参与客户体验的重新设定。在乔的带领下，该练习已经多次取得巨大成功，上至董事会，下至公司各级。

让每位队员都在电话服务中心待几个小时，接听客户来电，发现问题并寻找潜在解决办法。召开团队会议，寻找提升客户体验的办法，并提出三个问题：

我们团队可以为存在的客户问题做出哪些贡献？

我们团队如何为这些问题提供解决办法？

我们可以通过哪件小事为提升客户体验带来巨大的改变？

然后再把这三个问题拿给你的内部客户！你的这份勇气，将为你带来无价的数据，助力优化团队工作方式。

准则4：让董事会参与其中

客服部门的领导者如果可以更有效地影响董事会的决策，那么就可以得到解决技术问题的资金，招贤纳士，优化产品，乃至提升客户服务。领导者需要转变心态，摒弃过去分析数据的习惯，要让与客户之间的沟通人性化。彼得·马西（Peter Massey）是一位客户体验咨询公司的领导者，他认为："如果高级管理层和客户有共同语言，能说到一起去，那么就很难忽视客户寻求帮助时的沮丧情绪，这样，企业文化就会有所转变。"

锦囊妙计

让董事会参与其中的6个方法

你的董事会有可能完全沉浸在各类客户数据中（投诉、客户留存率等），但客户不是数据，他们是人！怎么才能让客户真正鲜活呢？以下6个方法已经得到验证，可以实现这一目标：

❶ 在董事会会议上直播客户来电，针对所有来电找出三个共同点，进行讨论。

❷ 让高层领导者亲自接听客户来电或拜访客户：加入电话服

务中心或投诉处理团队。直击客户诉求核心，不要想当然。

❸ 带一些客户和董事会见面。这些客户既要有给予正面反馈的，也要有提出负面反馈的。把发言权交给客户，让客户将自己的体验、起作用及不起作用的地方分别讲出来。

❹ 请一位高层领导者实地体验客户"消费之旅"，做到知行合一。

❺ 请高层领导者们一同参与对客户的讨论，并通过写博客、拍视频等方式来展示自己的对客户的关心。

❻ 将已有的全部客户指标交给董事会，与董事会共同选择其中某一条与公司战略相关的指标，让公司所有人清楚这一点。

准则5：测算重要数据

有一种情况很常见：一家公司将"让客户满意"作为自己的战略目标，并通过客户调查分数来追踪进展情况。这些调查的确可以在一定程度上说明客户满意度的情况。但是，有些员工因此认为该战略是为了优化调查数据，而非真正打造优质客户体验。在电话客服中心，当以通话的时长来衡量用户体验时，用户净推荐值也会随之下降，这是相当常见的。

关注客户的公司均开始废除一些本身就影响客户体验的测算数据。我自己的培训公司也发现了这一问题，课程结束后的评价得分反而会影响客户体验。由于客户要求在课程结束后得到

“80+”的所谓“开心”分数，我们的培训师就只顾和客户度过一段“美好时光”，从而回避了有挑战性的部分，而这些部分恰恰可以帮助客户进步。其实一旦废除此前的评估标准，在培训结束一个月以后以更真实的内部评估取而代之，客户体验会全面提升。

不要误会我的意思。我并不是说评估客户体验相关数据这件事本身不好，因为评估数据往往是了解所处环境和业绩、实现战略目标的唯一途径。客户指标会为我们提供前进方向，并告诉我们哪些行为和举动是客户喜欢的。但是，你必须明确你想从调查中得到什么结果，以及这究竟是否能帮到顾客。

所以，我们将用下面的5个问题来探究你的评估策略，从而确保你的策略能带来理想的结果。

锦囊妙计

5个评估问题

提问之前，先把所有的客户指标和客户体验评估方法收集到一起。从客户流失及保留率、客户生命周期价值、首次客户解决方案、客户投诉和满意度得分来看，可能有相当多的指标和方法。然后再提出下面5个问题：

❶ 为什么这些对客户很重要？

❷ 哪些指标可以帮助提升客户体验？哪些又会起阻碍作用？

❸ 该评估方法会让公司内部做何反应？

❹ 对公司战略至关重要的是哪项指标？

❺ 如何将这项指标落实到公司各级？

反思时间：联合起来

实践中以客户为中心的领导者

朱莉·安·海恩斯（Julie Ann Haines）时任威尔士储蓄与贷款社首席客户官，现任首席执行官。她的领导智慧核心，在于给自己的队员提供绝佳客户体验。以下是她作为以客户为中心的领导者的实际经历：

“谈到以客户为中心的领导，我们面临的问题有：同事和客户有距离感，无法着眼全局，无法代表客户解决问题。尽管我们总是以客户满意度高和以客户为中心为荣，但是我们依然于近期实行了三条干预措施，以优化我们的参与方式，提升公司表现。这三条措施分别是：领导者要有共同目标、公司内部鼓励学习、让员工主动做对客户和同事重要的事情。

“第一，我们改变了客户体验评估方法，我们收到客户反馈后，几小时之内就直接转给面对客户的同事。过去，用户反馈还要经过市场运作，往往两个月后我们才能收到，而如今，我们能很快听到客户真实的声音，这也是经理与其同事所参与的培训课程所强调的部分。

“第二，我们调整了奖励制度，公司的所有员工共享一套奖励制度——收益和用户净推荐值。这可以鼓励公司员工互相借鉴解决方法。

“第三，我们要让员工为整个客户之旅负责。例如，开通一个储蓄账户。各个部门的同事可以一同接听客户来电，阅读投诉信，分析客户诉求。经历过这些之后，他们自然会提出一些简单的问题，例如‘要满足常规要求，我们最起码要做到什么？’‘我们为什么不能让这件事简化一些？’‘为什么总是把皮球踢到其他部门那儿去？’在新方法的指导下，各个团队设计出了新的工作方式，大大提升了员工们的参与度，出错率大大降低，效率得到提升，我们的客户核心指标也增加了。

“总的来说，我们的用户净推荐值由68%上升至81%，参与度由74%上升至85%，我们的一些核心团队甚至在没有增加人手的情况下就处理完了所有的客户诉求。”

成为客户为中心的领导者的10条建议

❶ 每天，你都会听到一些关于客户的事情，听到客户诉求以

后就行动起来！

❷ 问自己一个最重要的问题：领导者会如何影响客户体验？

❸ 带领自己的团队，拜访一些优秀团队，带头学习优秀团队的做法。

❹ 你并不需要白费力气做重复工作，公司中就有优秀范例，你需要做的是发现优秀，复制优秀。

❺ 对客户产生好奇，并针对客户提出一些重要问题。

❻ 让客户活跃在会议上，让客户在会议上有一席之地，享受发言权。

❼ 对公司战略至关重要的单项指标要达成一致，利用技术简化数据、预测趋势和增强可预见性。

❽ 确保全公司能清楚、理解、共享一套测算方法，确保该方法做到以客户为出发点。

❾ 用户的满意是人人追求的目标。

❿ 公开表彰积极的客户反馈。

第三部分

遭遇挫折

第9章

成为一名优秀的变革型领导者

每个人经历变革的方式不尽相同，领导者需要认识到自己在帮助团队经历变革中所发挥的积极作用。如果你可以真正理解变革型领导者的作用、思维方式以及经历的三个阶段（为什么、是什么、怎么做），那么你就可以在变革型领导过程中做到灵活自如。

问题何在

今天的商界瞬息万变，对领导者的节奏和活力要求极高。领导者要有超人的本领，不能被变革相关的信息、术语、模型、播客、书籍迷花了眼。虽然可获取的内容如此之多，但领导者还是很难知道该如何行动、如何领导、如何激励团队直面更多变革。

公司每个角落每一天都会迎来变化，所以有这么多建议也不奇怪。变革既是全球性的，也是地方性的；有时转瞬即逝，有时经久不衰；有时无关紧要，有时事关重大。我们一同经历了新冠肺炎疫情带来的各种巨变，这正说明了世界的多变性和不确定性，也提醒领导者面对变革要勇敢、灵活和富有同情心。

变革这一概念也有各种各样的假设。以下是其中比较棘手的几条：

- 变革既困难又耗时。
- 将变革坚持到底需要大额预算和特殊人才。
- 经历变革时，大家都会经历“悲痛周期”。
- 拒绝变革的人都是“老古董”“老顽固”（或者其他消极标签）。
- 如果领导者有变革模型，那么人人都会依照模型去做！

本章，我们将一一检验上述说法，其中最后一条还给变革型领导者提出了一个有意思的问题。因为无论是鼓励还是劝说，哄骗还是威胁，人们作为个体生物，最终只会做自己想做的事，甚至不惜最终离职。

但别急着放弃！办法还有。我们可以在各种关于变革的材料中找到变革型领导力的两个重要方面，这两个方面经受住了时间的考验，至今仍充满活力：

做一名变革型领导者，而不是变革型管理者。

把复杂的事情简单化，尽可能让变革简单一点。

任何参与过变革计划的人都知道，变革不是件容易的事（无论你的规划如何！），它需要相互配合，需要强大的领导力和公司支持，过程中还需适时“修正航向”，变革型领导者也因此具有重要意义。变革型管理者往往被认为是保守的，从起点到终点沿线性流程亦步亦趋。变革型领导者则需要各种技能：要有远见、能影响并鼓励下属行动、能敏锐察觉到公司环境的变化并及时做出反应。

反思时间

你是变革型管理者还是变革型领导者

找一张纸，画上五条横线，代表下面五个方面，每条横线从零到十计分。从这五个方面思考变革型管理者和变革型领导者的区别，为自己打分。

变革型管理者		变革型领导者
控制	或	引导
亦步亦趋	或	得人心
职能型	或	具备战略眼光
处理具体项目	或	转变公司文化
挑战表现	或	改变行为习惯

从变革型管理者到变革型领导者——重点何在

如果你看完上述五条区别后打算改变自己，并成为一名变革型领导者，请仔细阅读本部分内容。我在此前章节中反复强调过，思维方式至关重要，此处我们就从思维方式开始。

变革型领导者的三种思维方式：

❶ 我的想法会塑造我的行为（并会引起他人的反应）。

❷ 变革在于过程，过渡在于人（全心全意）。

❸ 每个人都是独一无二的（要用行动展示这一点）。

想法塑造行为

俄国小说家列夫·托尔斯泰曾写过一句很有名的话：“每个人都想着改变世界，但没人想着改变自己。”换句话说，如图9-1所示，由于对变革的信念总是会支配行为，并带来相应结果，所以我们在变革的路上容易动摇。

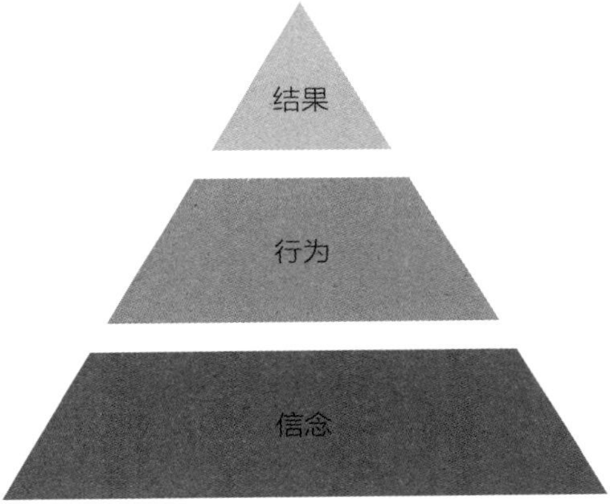

图9-1　思维方式的影响

麦肯锡研究院的鲍兹和福克斯二人认为："如果公司可以在一开始就能识别各种普遍存在的思维方式并采取相应举措，那么与忽略这一步的公司相比，这些公司的成功概率就是他们的四倍。"

以下内容有助于探索你自己的思维模式。如果你发现有些想法无益，会阻碍你领导大家进行变革，那么在日志上记下来，例如："这很难""大家不会买账""我不擅长引领变革"。之后，再尝试一些其他的想法（这就是个人想法的魅力，你可以一下子将其改变）。一旦你真的可以习惯性地转变思维方式，那么慢慢地你的行为也会随之逐渐改变。

小试牛刀

首先我们来探索一下你的思维方式。找一张白纸，然后写下答案：

持久的变化是……

变革的同义词是……

说到变革，我脑子里出现的第一幅图画是……

……时，我擅长变革。

……时，我不擅长变革。

变革在于过程，过渡在于人

威廉·布里奇斯（William Bridges）所著的《企业的转型管理》（*Managing Transitions*）是我常送给客户的一本书。这本著作让我眼界大开，尤其是书中提示到“人们接受新状态的心理过程不发生过渡，变革就不可能完成”。没有魔法能保证让团队欣然接受变革，经济激励也无法保证做到这一点——变革一直是（以后仍然是）一个心理过渡的过程。尽管变革会很快发生，但过渡来得就要慢许多。正如布里奇斯所言：“变革如果不伴随过渡发生，就只不过是重新安排一下位置而已。”

想想自己近期从事的变革项目，这一点就会非常明显。在项目计划阶段，你都在哪些地方花了时间？有多少时间花在项目过程上？又有多少时间花在人的身上？

每个人都是独一无二的（这也不总是件坏事）

变革模型会假定所有人都以相同方式行事。最常见的变革模型当属库伯勒·罗斯（Kubler Ross）的“改变曲线”。值得一提的是，与五十多年前首次被提出时相比，该曲线如今应用得更加广泛，因为该曲线标注出了绝症病人的伴侣，其悲痛情绪所经历的五个阶段。

曲线上共有五个悲痛阶段：否认、愤怒、讨价还价、抑郁、接受。我担心的是，员工可能会以该曲线来预设自己对变革的反应。我经常在一些公司里听到这样的对话：“我以为我们都要准备否定了”“我们接受这个改变还需要一些时间”“我现在不是很生气，但我觉得之后可能会”。我简直数不清有多少次这种状况。

人们面对变革时都是感性的。对有些人而言，变革无异于曲线上的那几个悲痛阶段，这时曲线模型有助于带领团队应对变革。但不同的人、不同的时间都有不同的情况。通常而言，有一些人热爱变革，在变革之初较为混乱时会迅速进步，这些人默不作声、低调行事。你需要将这样的人留在身边，他们将帮你影响其他员工，度过过渡期。

有一种观念很值得我们反思——如果有人不接受变革，我们就迅速为这些人贴上消极标签。我之前也提到过，这些消极标签会一直存在下去。但是，如果我们转变一下思路，又会发生什么呢？

如果这些人不接受变革是因为不明白变革的原因呢？

如果这些人觉得在变革过程中自己被遗忘了呢？

如果这些人愿意了解正在发生的事呢？

如果这些人只是单纯担心自己的未来呢？

如果你作为变革型领导者可以针对不同性格的人采用不同的沟通方式，以此来帮助这些人融入变革呢？

如果你作为变革型领导者对反对变革的人表露出同情与好奇呢？

反思时间

不同的人，不同的方法

想想你自己团队中队员们的各种不同性格。对任何的变革计划，队员们的反应都会有所不同，你的行为也应因人而异。变革中你可以尝试下列方法，应对不同性格的人。

如果反对变革的员工是一个喜欢数据分析的人：

给予大量信息，要多于你想从该员工身上得到的信息。

确保原因清楚，结果合理。

给予该员工充分的时间对变革进行反思，并对自主性给予赞扬。

如果反对变革的员工是一个热衷于效率和成就的人：

尽量让该员工处于控制地位，让其发挥领导作用。

表扬该员工的工作效率以及取得的成就。

对于逐渐发生的改变和业绩的提升，要善于发现并进行奖励。

告诉该员工这次变革能改善哪些方面。

如果反对变革的员工是一个善于与人沟通的人：

多与该员工讨论变革。

关注员工情感，了解员工可能面临的潜在焦虑。

鼓励诚实开放，体现个人关怀。

如果反对变革的员工是一个喜爱社交和团队的人：

尽可能让该员工多参与变革。

表扬该员工凝聚团队的能力。

在变革计划的策略上要有创造力。

运筹帷幄：让复杂的问题简单化——为什么、是什么、怎么做

当谈到定位、市场、目前需求，每个公司的情况都有所不同。所以没有一种固定的方法可以神奇到让所有公司都能成功完

成变革。但好在，对所有变革项目，图9-2所示的三个因素都至关重要。

图9-2　变革路线图

阶段1：为什么？

我们为什么需要变革？

先问为什么，如图9-3所示。

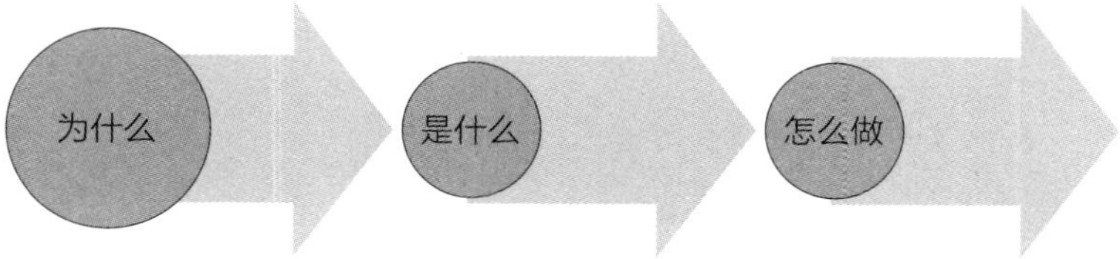

图9-3　先问为什么

2020年，生活一瞬间发生了意想不到的变化，远程办公与远程教育迅速兴起。这场突如其来的变革告诉了我们第一阶段都需要了解什么。变革需求清晰时，人们会主动接受。当然，需求如果万分紧急且来自外部，人们往往没有选择，只有顺从。

但是，如果变革没有外部压力，又会发生什么呢？变革计划公布后，多数公司都面临的一个大问题是：

我们为什么要做这件事?

这个简单的问题如果一直得不到回答，哪怕一个新计划再重要也寸步难行：

人事主管莱拉负责为公司推出全新的价值观。旧的价值观创立于二十多年前，强调“命令和控制”，新来的首席执行官认为应将其现代化。新的价值观侧重“承担责任”，共有三条——尊重、责任、奖励，并在推出后进行了广泛宣传。公司内部开展了各种关于新价值观的讨论与学习，新价值观还登上了品牌价值观手册与海报。公司投入大量资金推进品牌设计、产品发布、领导层调整。但六个月过去了，新价值观在公司中的反响并不热烈。经过调查，大多数员工对新价值观持怀疑或愤恨态度，更有甚者对新价值观表现出了漠视。

高层经过会议讨论，清楚了失败的原因。高层团队很清楚新价值观的愿景，也明白转变价值观会对公司有什么好处、如何通过团队互动模式的变化来提升客户体验。但除了公司高层，没有几个人清楚这些。跳过“沟通”这一基础步骤，员工对于“为什么需要变革”没有清晰的认识，在他们眼里，新价值观只不过是又一次代价极高的公司变革，很快就会销声匿迹。

故事并没有就此结束，结果像很多员工想的那样退回到过去的状态中。相反，高层领导决定将目光转向整个公司，关注员工，深刻洞察实际情况。下面的锦囊妙计部分会谈到该公司的下一步行动。

锦囊妙计

加深了解，寻找闪光点

欣赏式探询是一个经过许多案例验证的成功方法，指从团队优势出发寻找其状态最佳的时刻。基于优势进行指导非常重要（见第6章），也是任何变革计划的出发点。通过寻找闪光点，你会对情况有进一步的了解。以任何一项新的变革计划为例均可，从中找出：

谁在做这件事？

这些人是怎么做的？

什么使其生效？

通过这几个问题，你一定会在公司内部找到许多卓越的典范。无论是想提升客户体验或革新技术，还是改变行为习惯或培养公司适应能力——无论你是想在个人、团队还是公司层面带来变革，你都会找到一些相当不错的范例。

随后与范例中的人展开合作，让他们成为变革的支持者。

寻找支持你变革的人

支持你变革的人会有三种：

- 他们已经在实践你想要的变革（但有时候并不自知）。

- 他们很期待这项变革计划（而且他们会影响其他人）。
- 他们理解这些数据（且可以向你或其他人解释）。

这三种人对你的变革事业至关重要，因为参与者、影响者、数据专家这三类人缺一不可。如果你缺少任何一类，都可能会面临被批评的风险，例如“实践中并不奏效”“没人支持这个项目”“没有数据支撑”。

下一步是传达变革讯息，支持你变革的人需要参与其中。

发挥沟通的能量

第一步完成后，就可以开始告诉大家为什么我们要进行这场变革了。如果觉得自己已经告诉过大家了，没关系，再说一次。我曾收到一条建议——在变革过程中“把沟通的能量发挥到最大”，这条建议堪称金玉良言。通过各种沟通模式进行沟通——视频、播客、公司内部通信、讨论、会议、一对一沟通等，这些都会奏效，同时千万不要低估流言蜚语的威力。在《企业的转型管理》一书中，威廉·布里奇斯提出了4条明智的建议：

❶ 不要认为不沟通也可以。

❷ 小道消息是压不住的。

❸ 只解释一次，员工或许还搞不明白。

❹ 告诉员工自己知道什么，不知道什么，并承诺后续会有更多信息。

反思时间

你近期有变革计划吗？写下来，然后根据前面学习到的内容回答下列6个问题：

❶ 关于本次变革，公司里已有哪些成功的典范？

❷ 如果上个问题你回答不出来，如何加深了解并找到答案？

❸ 谁会支持你的变革？

❹ 你打算怎么奖励支持自己的人？

❺ 你喜欢用什么方式沟通？

❻ 谁可以帮你学习自己不熟悉（但其他人喜欢）的沟通方式？

阶段2：是什么？

变革会让未来有何不同（见图9–4）？

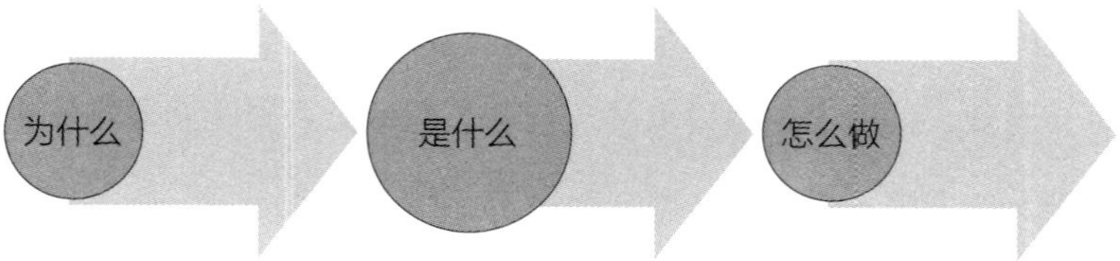

图9–4　变革让人们对未来难以抗拒

第一部分“为什么”的问题已经解决，现在我们要着手解决“是什么”的问题。也就是说，你要为员工们勾勒出一幅比过去更美好的蓝图。这里我要多说一句，蓝图不仅需要清楚，还需要简单。复杂的蓝图也许只能吸引小部分人，大多数人需要的则是一个为之奋斗的愿景目标。忘掉过去，未来会更加精彩。

我先生和我之前在乡村住了十七年，我们的两个女儿也在那里出生长大。我们搬家时，为了提醒自己为什么要做出这样的改变，我制作了一张简单的明信片，在上面简单陈列了搬家的理由（那里没有露天泳池和餐厅，交通也不方便）。如果你觉得这听起来过于简单，那么你只是在让这件事复杂化。每个人都需要一直得到提醒，未来会如何——如果能看到未来的景象，人们就容易接受变化。

所以，如果你还打算用各种办公软件、几十页幻灯片、复杂的思维导图来解释自己的想法，那就赶紧阅读下一部分吧！

锦囊妙计

全心全意思考

一个让人难以抗拒的愿景应包括以下两个基础要素：

简单易懂

理想情况下，一个愿景如果写在纸上，应该只用半页，而且花三十至六十秒就可以解释清楚。如果能做到这一点，就说明对该愿景的沟通快速高效，更重要的是，有可能被员工记住，并将其告诉更多的人。或者可以在纸上将视觉效果呈现出来。

逻辑清晰，有感召力

一个美好强大的愿景逻辑应该清晰：合情合理，经得起推敲。但是，该愿景同时也必须在情感上富有感召力。换句话说，要能抓住人心，让人们自愿追随。大家一致认为该愿景可以实现，因此目标设置要合理。

小试牛刀

许多领导者都可以设置逻辑清晰的愿景，但怎么才能让愿景有感召力？解放思想，舍弃评判式的思维方式，来点好玩的：

如果把你的愿景比作动物，你想比喻成什么？（不要觉得这是个愚蠢的问题。我的一位客户曾把公司的负面文化比作一群鬣狗。这个比喻把人们带到了一片荒原之上，极富创造力，公司对此赞不绝口。）

如果要用三个情感词汇来形容公司的愿景，你会选哪三个呢？

什么比喻可以描述你的愿景？

简单绘制你的愿景后看看什么最突出。

阶段3：怎么做？

我们如何让这成为日常习惯（见图9–5）？

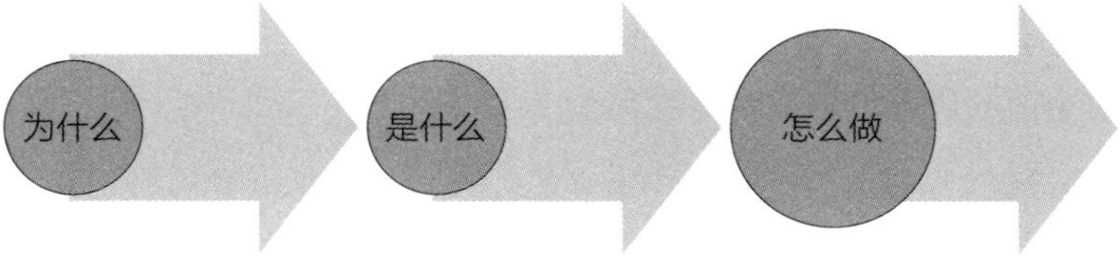

图9-5　让人们对未来难以抗拒

不要让变革的努力因为缺乏持续性而功亏一篑。美国人力资源管理协会的研究显示，超过70%的变革计划都是因为领导不力或执行不善而以失败告终。该阶段是你面临的最大考验。你的团队需要清楚你已做好长期准备，并对变革计划十分重视。

锦囊妙计

以下是客户就保持变革持续性提出的5条最佳建议：

1.表明你是认真的

如果你想让大家接受新的变革计划，你必须要让大家知道你已经做好改掉之前习惯的准备，并将为未来目标的实现采取切实行动。

现行的奖励措施有哪些需要调整呢？

奇普·希思（Chip Heath）和丹·希思（Dan Heath）两兄弟在其著作《破解变革难题》（*Switch*）一书中指出："必须创造一种使变革发生概率增加的环境。"这无疑会产生很多艰难的沟通，也会指出一些不再被接受的行为。甚至还可能会有人离开，给当前的情况带来清晰的改变。

汤姆主管的客服中心有400余名员工，主要负责提升客户体验。这会涉及许多要素，但我们就以其中最关键的一项改变为例——和顾客交流时要有真情实感，不能像个机器人。“为什么要改变”这一点很清楚，对于客服团队也非常有吸引力，因为与顾客的沟通往往被一些刻板的套话、官僚主义的衡量标准所扼杀。在“怎么做”的第一阶段，汤姆的管理团队精简了与客户沟通时说的话，延长了与客户沟通的时间，但实际情况并不如预期般奏效。要放弃各种套话、时间限制、附加奖励，给予员工充分信任，允许员工与客户自由沟通并解决客户问题，这需要信念的转变！后来，有一位客户的反馈很有价值，公司将其印在了墙上。该客户反馈道：“这是我第一次与客服中心交谈后，感觉自己像个人！”至此，任务完成。

2.坚持下去

你所有的沟通、优先的行动、招聘任命都在释放信号。确保自己能坚持下去，因为前后矛盾的信号可能会让人们感到迷惑，让人们怀疑变革的真实性。自己的行为要与追随的新价值观一致。

3.帮助人们告别

团队在接受新事物之前，必须要先和旧事物告别。这需要一些时间，因为有些人总是喜欢抱着旧的处事方法不放！人们总是喜欢做熟悉的事情，就像一根橡皮筋，一有机会就往回弹。

如果有这样的情况，未来就无法彻底摆脱旧事物，以下是几个解决办法：

- 让大家知道，新事物是由旧事物发展而来的。
- 让大家清楚，新事物以后会一直存在，这不是一时的心血来潮，而是大家需要面对的新现实。
- 不能只想着通过增加人手来完成更多的任务，要帮助他们分配任务，放弃没有意义的任务。

4.期望值不要太高

再次引用希思兄弟的一句话："有一种说法认为，变革执行起来难度大是因为人们抗拒变革。这种说法完全错误。事实恰恰相反，变革困难是因为要消耗人们太多精力。"人们的冷漠，其实只是疲倦的表现。因此，期望值不要太高。对于能改变（以及不能改变）的事物要有合理期望。

5.庆祝成功

变革不必过于郑重其事，变革也不一定就意味着任重而道远。变革需要参与和互动，需要乐趣。不仅如此，变革还会带来大量机会，帮助人们进步与发展。

"变革常态化"在以后可能会成为现实，所以我们在每次达成里程碑时都可以庆祝，传达积极情绪，认可每个人的进步。

成为一名优秀的变革型领导者的10条建议

❶ 用自己的热情、能量、信念来激励大家，让大家愿意追随你。

❷ 表达同情。与过去告别是一件比较主观的事，一些人在这方面可能会遇到困难。

❸ 合理设定标准，庆祝每一个小胜利。

❹ 对于变革的描述尽可能详细，让大家看得见、听得懂、摸得着。

❺ 鼓励创新，表扬新的做事方式。

❻ 做一个值得信赖的人，言出必行，以身作则。

❼ 为大家提供各种培训、指导、辅导，帮助人们接受新的现实。

❽ 把握好变革的势头。控制变革节奏，问问“现在需要做什么”。

❾ 调节情绪和压力点，做到处变不惊。

❿ 时刻记得三阶段——“为什么”“是什么”“怎么做”，这会助你脚踏实地，走向成功。

第10章

如何用同情心和自信心掌控困难沟通

是什么让某些沟通异常艰难？如何沟通才能得到自己想要的结果？结果要对沟通双方都有利，且有利于双方关系发展——不能制造混乱，让大家都不知道下一步该做什么。本章介绍的五步模式将帮助你调整思维方式、培养个人技能。这有助于为困难的沟通创造安全空间，得到双方都满意的结果。

问题何在

“困难沟通”究竟难在哪里？这个话题会让许多人忧心忡忡。在对领导者的指导过程中发现，该主题会让很多人感到手脚冰冷、高度焦虑，而且每个人都会碰到反馈出错的情况——无论是作为反馈接受方还是反馈发出方。

“困难沟通”之所以困难，本质上是因为：

你事先预判了问题（并担心不能得到双赢结果）。

之所以艰难，是因为这次沟通对你而言很重要，你的情绪得到调动。多数领导者会在自己脑子里一遍又一遍地对对话进行演练。

正是有了对问题的预判，我们才会产生犹豫、怀疑、焦虑等情绪。《失败交流》（*Failure to Communicate*）一书的作者霍利·威克斯（Holly Weeks）指出，“只有把困难沟通看作是一次正常交流时，沟通才会朝着最理想的方向发展。”如果一直想着这是一次艰难的对话，那么你就会想到各种“要是……”，比如：

要是出错了怎么办？

要是对方哭泣/大喊大叫/走出去（选择你担心的那一种）怎么办？

要是搞砸了怎么办？

要是我伤害到对方的感情怎么办?

要是对方不认可反馈怎么办?

要是事态升级到很严重的地步怎么办?

要是我们的关系破裂怎么办?

要是我没压住脾气表现很差怎么办?

要是没解决怎么办?

这种思维最大的害处，就是它恰恰带来了你最不想要的结果！因为这种思维会让领导者产生以下五种行为：

❶ 逃避。寄希望于问题消失或自己得到解决。

❷ 最小化问题。“或许是因为我，和你没关系”“别担心，问题不大”“只是个小问题而已”。

❸ 责怪。要么责怪自己（我没有管理好手上这些人），要么责怪其他人（这些人没有担起自己的责任）。

❹ 触发其他行为。压力会体现出你的领导风格。在面临潜在矛盾时你会做何反应？攻击，被动攻击，退缩，防御，还是幽默？

❺ 即兴发挥。不知道作何准备，也不知道哪里会出错。

运筹帷幄：用自信心平衡同情心

到底哪些地方会出错呢？太多了！因为沟通处理不善造成的影响会持续良久，所以一定要重视困难的沟通。好在，还有一种选择可以避免混乱的沟通及因此产生的后果。本章提出的模式将指导你如何一步一步走向自信的沟通。

在此之前，我们需要讨论一下准备工作及思维模式。如果这两点做不好，任何模式都没作用。老话说得好："你不好好准备，那就准备失败吧。"

著名培训师玛丽·贝丝·欧尼尔（Mary Beth O'Neill）建议高管教练要挺胸抬头，保持自信，保持脊柱和心脏之间的平衡。我在此处重申欧尼尔的建议，并进一步提出建议——要找到同情心和自信心之间的平衡点。

先谈同情心

谈到同情心时，有两个因素比较重要。第一个是感同身受，也就是你要能理解别人的想法和感受，因此，才会同情别人。第二个则是同情自己。虽然你对自己领导的团队非常关心，但也要理解自己也有不受欢迎的时候，要有能力调节好两者之间的紧张关系。

如果你和我一样……

社会科学研究历经数十年得出的大量科学发现都表明，人类在生活中会希望所有人都和自己一样。如果你和我一样，想的一样，说的也一样，那么就不存在什么困难的沟通了——这种想法一直存在。在工作关系中，决定两个人是否合拍的主要因素往往就是两人是否相似。换句话说，各个重要方面都相似的人容易互相吸引。埃米尼亚·伊贝拉（Herminia Ibarra）在其著作《逆向管理》（*Act Like a Leader, Think Like a Leader*）中将上文中的想法称为“关系构成中的自恋原则”。

为什么在困难沟通中这一点不容忽视？在困难的沟通中，你更有可能产生负面行为，因为面对压力，对方的做法与你不同。也许你说话，他反思；或者你沉默，他流泪；抑或是你急着继续往下谈，对方却双手抱在胸前，挤出一句“行吧”。

关怀困境

金·斯科特（Kim Scott）在其著作《坦诚相待》（*Radical Candor*）中指出，同情心是“亲自表示关心”。她认为，如果我们在困难沟通中还努力“保持职业作风”，我们就否定了关于人的一些关键要素。“我们都是人，我们有人的感情，即使在工作中我们也需要被视为有感情的人。如果我们不这样做，如果我们认为必须压抑自我才能谋生，那我们一定会被孤立。”

此处的难点在于，既要关心自己麾下的队员，又要做好不受欢迎的准备。要做到这一点绝非易事，但下文讲述的模式会帮到你。

自信心连续统一体

自信心处于图10-1的连续统一体上（更多自信心相关内容见第4章），一端是谦逊，另一端则是傲慢。

谦逊 -------------------- 自信 -------------------- 傲慢

图10-1 自信心

也就是说，你既不能以一种低姿态来展开这次沟通，也不能认为自己凌驾于所有人之上。因此，在该背景下，自信心就是相信自己能处理好本次沟通，不伤害任何人。

值得一提的是，和许多领导力技能类似，自信心并不是一种天生固有的品质。我们可以通过努力获得自信心，也可以逐渐提升自信心——就和掌控困难沟通的技能一样。因此，我常建议接受培训的客户在困难沟通开始之前采取以下态度，以提升自信心：

- 这次对话势在必行。
- 我还好，对方也还好。这无关胜负。
- 我已经尽最大努力做好各种准备。
- 我有应对任何潜在挑战的经验。
- 我很清楚自己，相信自己可以保持冷静。
- 我可能没做好，但没关系，人都会犯错，我也会从错误中学习。
- 我能感受到同情心，知道如何让对方没有顾虑畅所欲言。

反思时间：什么会让你偏离正轨

为了保持同情心与自信心的平衡与稳定，了解什么会让自己偏离正轨是很重要的。什么情绪或行为可能会让你脱轨呢？

马歇尔·戈德史密斯（Marshall Goldsmith）在其著作《触发器》（*Triggers*）中强调，我们需要决定如何去回应而不是如何去反应，从而打破了长期存在且起反作用的直觉。

有四位客户同我分享了自己的“脱轨”故事：

对方开始落泪，我便开始道歉，安慰对方说“问题不大”“没关系”。我感到很沮丧，但当我意识到我们的困难对话都还没正式开始的时候，我感觉更糟了。

我同事轻轻地转过身，闭上眼，然后说：“行吧，你让我做什么我就做什么好了。”我根本不知道该怎么办，我小声嘀咕了句“好的”，对话匆匆结束。

罗欣和我关系不错。我准备和她开展困难对话时，她笑着对我说别这么认真。还问我，你是在上课吗？行啦，我下次会注意的。拜托，休息会吧。然后我们就一起出去喝咖啡了，谁也没再提起沟通这回事儿了。

对方站了起来（我还坐着），特别大声地吼了一句：“你开什么玩笑？”还使劲拍了桌子，特别严肃！外面办公室的人都听到了。我感觉自己受到了恐吓，不知道该吼回去，该闭嘴，还是该找个折中办法。最后，我只好推迟了这次困难的沟通。

读完这些故事后，思考一下下列问题：

1. 你在面临压力时作何反应？
2. 什么情绪或行为会让你偏离正轨？

❸ 你需要做什么来保持自信心？

（更多信息详见第7章，该章讨论了偏见、不同性格、压力下的不同风格等话题。）

锦囊妙计

关于思维方式的6个问题

显然，你的思维方式对困难的沟通也非常重要。事实也的确如此，这是维持自信心与同情心之间微妙平衡的唯一方法。我此处准备的问题可以让你更了解自己的意图，并帮你拥有成长型和开放型思维方式。通过回答这些问题，你的思维会得到更新，从而避免过度僵化。

以下6个问题有助于在进行困难沟通之前让思维方式发挥积极作用：

❶ 于你而言，这次沟通难在哪里？（你预计会碰到什么问题？为什么你会担心这个问题？）

❷ 对方的问题在哪？（通过换位思考，为本次沟通构建灵活思维方式。）

❸ 你的感触是什么？（所有困难的沟通均是情绪化的。你现在的情绪如何？记录下这些情绪，别受情绪控制。）

❹ 你如何为解决该问题做出贡献？（这个问题有点难，但它提供了另一个沟通视角。或许因为你反馈不及时；或许因为在之前的谈话中过于诚实，导致现在问题升级了。）

❺ 你、对方、你们的关系分别想得到什么样的结果？

❻ 你需要怎么做才能让双方关系得到理想结果？（例如：对方获取该信息的最佳方式是什么？）

最后两个问题摘自《关键对话》（*Crucial Conversations*），我很喜欢作者对双方关系的关注。在困难沟通中，考虑个人的结果很常见，但很少有人会考虑双方关系的结果，并将想法转化为行动，从而转变个人行为。

小试牛刀

假定自己即将展开一次困难的沟通，回答上文的6个问题。我要求将问题答案写下来，因为写会比想更清晰一些。在回答问题的过程中，你在思维方式上有什么收获？为了取得成功，你有哪些行为需要调整？你对解决问题有何贡献？

锦囊妙计

思维方式调整好后，我们就可以开始制订沟通计划了。本章提供的模式共分五步，有助于对困难的沟通提前计划准备。因为这种沟通并不会总是按计划进行，所以该模式也不能作为“剧本”一成不变。但我会提供一些例子，帮助读者理解各个步骤。这一模式旨在帮你有计划地放慢节奏。模式结构如图10-2所示。

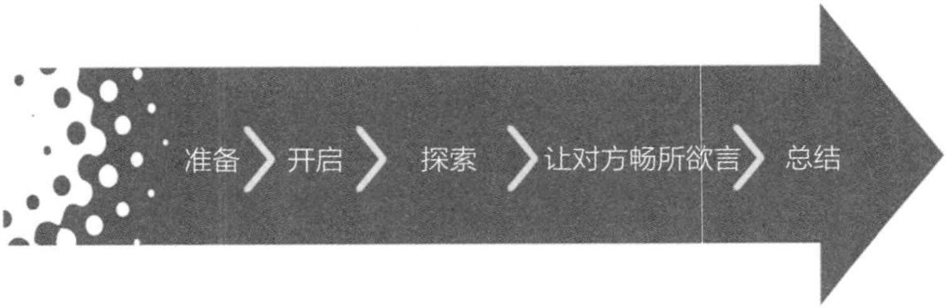

图10-2　五步模式

准备

- 自己先做好准备。写下上文6个问题的答案以后，检查一下自己对该问题的态度——如果是恼怒或失望，那么现在就还不是沟通的时候。
- 深呼吸，保持平静。
- 掌握事实证据——看到的、听到的、写下来的都可以。
- 提前安排沟通地点——线上或线下。在哪沟通呢？酒店大厅不合适，人进人出的办公室也不行。如果是线上进行，要确保双方都处在一个舒适且私人的空间。
- 确保为沟通预留出充足的时间——如果现在时间不够就延期。匆匆忙忙是无法获得成功的。

开启

- 建立共同的目标，让双方见面的理由强烈且坚定。例如："我们需要讨论一下您近期的业绩，这样我们双方都清楚未来的路该怎么走。"
- 先谈事实。这一点至关重要。事实不可辩驳（如果对方辩驳，暂停沟通，寻找事实，再重新开始）。例如："过去三个月你的业绩下降了24%""你写的上一份报告里有六处错误"。
- 讲述自己的故事。单列事实还不够，事实加上你的结论才能让双方进入讨论。用"我"这一人称，让对方知道这是你自己的故事，不是旁人的。这在心理上是关键一步，因为你正在向对方证明，这是你对事实的见解——对方可能有不同的看法。你开启了一场真诚的、相互的沟通，而不是单纯地向对方灌输自己的想法。面对这些事实，你产生的想法和感触或许有助于你讲述自己的故事。例如："今天下午的领导层会议上，你打断了我两次，我们上周还说过这个问题。这会让我觉得，我还是没有讲清楚你打断我产生的影响，这伤害到了我，让我很沮丧。"

探索

探索对方的想法——允许对方解释，允许对方从自身角度讲述自己的情况。有时，人们在承认自己必须改变之前，需要找一些借口或倾吐一下个人情感。莫尼克·瓦尔库尔（Monique Valcour）在2017年的《哈佛商业评论》（*Harvard Business Review*）中指出，沟通的目的应该是学习，而不是说服。瓦尔库尔称："无论我们多么能言善辩、逻辑清晰，如果不了解对方的思维方式，那么我们就不可能认识并解决问题。"

- 倾听并不意味着一定要赞成。倾听是寻找对方行为动机的唯一办法。
- 不要沉默或者问"为什么"，这只会让对方产生防备心理。我们应该问"是什么""怎么做"这一类问题。在第6章，我曾提到了"人类有告诉别人怎么做、怎么思考、怎么行动的欲望——或者想让他人干脆复制你的行事风格"。因此，保持开放，持续探索，持续的时间要远远超过你的预期才行：

❶ 你怎么看该局势？

❷ 你有什么感触？

❸ 你为什么会这么说？

❹ 还有什么重要的？

- 此时，你的目标是为自己、为对方、为双方关系谋得最佳结果。为实现这一点，你掌握的信息越多越好。要鼓励对方陈述事实、讲述故事、表达感触。保持倾听，随着了解的事实越来越多，自己的故事也会发生相应的改变。

让对方没有顾虑，畅所欲言

- 任何困难的沟通都会遭遇各种“路障”和“闪现”，这都标志着沟通缺乏安全感，其发生可能就是一瞬。“闪现”就是各种迅速反应，语言的或者非语言的，包括叹气、转过脸、耸肩、眼泪汪汪、闭眼等。对方或许会说“行吧”“好吧”“你会说……”“我不敢相信你会说这样的话”等。青少年还很擅长这些：甩头、挑眉、说句“随便你”。你的脾气一下子就会被点着。这时，要深呼吸，保持冷静。
- “路障”指的是一些新信息、一种更认真的行为反应、或是一种强烈的情绪。你需要慢下来，倾听，并小心翼翼地将对话带回正轨。回到之前的那个例子：

　　“今天下午的领导层会议上，你打断了我两次，我们上周还说过这个问题。这会让我觉得，我还是没有讲清楚你打断我产生的影响，这伤害到了我，让我很沮丧。”

- 理想状态下，你会得到一个考虑周全的回应。但你也可能听到：

　　“你认真的吗，露西？别太敏感了好吧？你自己就不打断别人了？你想让我怎么做，就听你一直说个不停？”

- 不管是“路障”还是“闪现”，你都要让对方畅所欲言——不能抱防备或敌视心理。别傻乎乎地去与对方博弈，你又不需要赢什么。在清楚对方会把共同利益放在心上后，我们会产生安全感；我们会尊重对方的想法，信任其能力与动机。

- 要处理好“闪现”，你需要兼具自信、谦逊的心态并掌握相应的技巧。以下是5个最合适的技巧：

❶ 对比。面对困难的沟通，我非常喜欢在危险升级的时候使用这项技巧。对比指的是两种不同的说法——“是……”与“不是……”，这个办法可以消除任何的误解。“不是这个意思，我不是要让你一直听我讲。我的意思是，我想在没有人打断的情况下讲完我正在说的。”

❷ 保持好奇心。无论对方的回应多么积极，问问自己“为什么对方会这样反应？”，这会让自己有时间思考。开放式问题是你在困难沟通中最好的朋友，例如：“我们怎么才能解决这个问题呢？”“你觉得呢？”

❸ 介入与退出。沟通中，既要介入，进行发言，也要记得适时退出，进行倾听。保持冷静，正如我之前提到的，倾听并不代表赞同。

❹ 说说自己在房间里看到的。然后再继续探索：

“听你说话好像很沮丧，怎么回事？”

“你的肢体语言表现出了一种不安，我很想听听你的想法和感触。”

❺ 道歉。有时，一句简单的抱歉就能让对话回到正轨："抱歉，我没表达清楚……"但是，要确保道歉和谦逊的态度不是因为对方的咄咄逼人。因此，道歉要真诚，时机要选对。

总结

- 先总结。你在总结时，要展现出你倾听过、反思过，也听取过他们提出的观点。例如：

"我听到的是……""我觉得，你说的是……"

- 完成上述所有工作后，下一步的最佳选择是就未来计划达成一致：

"你想怎么解决？"

"接下来你想看到什么？"

"你对下一步有什么建议？"

"你接着想做点什么？"

"你需要我提供哪些帮助？"

- 找到双赢的解决办法：就下一步举措展开谈判。你们在哪些行动上可以达成一致？选择可以解决当下及未来问题的方法，专注于双赢。自己首先做出改变，向对方证明双方需要互谅互让。
- 不过，不是所有困难的沟通都可以收获双赢结局。因此，如果没能做到双赢，就提出在未来自己希望看到的改变。

此处有两个选择：

❶ 决定不升级，具体陈述自己对未来的期望（以及对方不这样做的后果），并达成一致。

❷ 决定升级，解释原因以及后续会发生什么。

● 用笔记录下对每一次沟通的总结。

也许你心中早有疑惑，一个15分钟的对话而已，我有必要做这么多吗？尽管这要耗费一些时间（如果有练习会更好），但我保证一定有巨大回报。在开展沟通时，你会感到准备充分，富有同情心，保持观点的同时有信心实现好的结果。

掌控困难沟通的10条建议

❶ 找到同情心与自信心的平衡点，用文中的6个问题来掌控思维方式。

❷ 深呼吸，保持平静。开始沟通前保证情绪状况稳定。

❸ 不要想着把什么都告诉对方！保持开放，保持好奇。

❹ 做好规划，但别把规划当剧本。用五步模式（POEMS）搭建框架帮助自己回到正轨：

● 准备（P）

● 开启（O）

● 探索（E）

● 让对方畅所欲言（M）

● 总结（S）

❺ 清楚自身意图。如果意图消极，身体（包括语言或非语言符号）会释放各种信号。寻找积极的意图吧。

❻ 保持自己的观点，也要能够从他人的角度去考虑。如果你觉得本次沟通进行起来很困难，那么沟通的对象或许觉得更加困难。

❼ 了解什么会触发自己的负面情绪与表现、自己面临压力时的风格以及什么会让沟通脱离正轨等。

❽ 碰到“路障”时记得放缓沟通节奏。这会帮你说出恰当的话，让对方知道你在倾听。

❾ 让沟通从说服变成学习，这是怎么一回事？

❿ 准备，准备，准备。这一点我应该不用再啰唆了吧？！

第11章

从生存到发展：如何将复原力融入公司文化

在新冠病毒肆虐全球之际，世界意识到了复原力在团队中的重要性。许多领导者都提出了这样的问题："我们要怎么做才能将复原力融入公司文化？"本章探索了将复原力融入公司文化的新模式，并帮你从信任、目的、灵活、支持、空间等多个角度来寻找培养发展型团队所需要的要素。

问题何在

关于文化的定义，向来很多也很复杂，而泰伦斯·狄尔（Terrence Deal）和阿伦·肯尼迪（Allan Kennedy）二人则给出了一个清晰的表达："文化就是我们大家一起做事的方式。"此外，我认为文化还应该加上其他人在酒吧或在你背后对公司做出的评价。如果有人问你的同事"你的公司怎么样？""你的老板怎么样？"，他们的答案会是生存型（经理冷漠又难对付，客户刁钻古怪，晚上熬夜，累到虚脱），还是发展型（团队具有创新性、挑战性，队员会得到关照，经理对大家都很好，大家虽然辛苦但一切都很公平）？

我们可以将公司的复原力定义为"公司具备在不断变化的环境中缓释压力、恢复关键职能、向前发展的能力"。这听起来可能很直接，而科学家也是最近才发现公司复原能力的定义与现实之间的矛盾。

在情况未知、不断变化或不可预测时，公司是最需要复原能力的。在这些时候，需要领导者提升效率，保持信任，让多部门联合运作。但是，领导者往往喜欢独立工作，专注于可以使股东价值最大化的短期解决办法。在充满不确定性的复杂环境下，团队需要互帮互助，集思广益，还要有重整旗鼓的热情！这之所以让人觉得不切实际，是因为许多公司的做法恰恰与此背道而驰。以下这些做法你熟悉吗?

- 不停地开会。
- 收件箱塞满邮件。
- 认为“只有废物才会花时间吃午饭”。
- 对犯错的容忍度较低。
- 时间都花在眼前的事情上，不关注长远规划中的要紧事。
- 故步自封的思想严重。
- 一天里很少有时间停下来去充电。
- 鼓吹加班。
- 学习仅仅局限在一些简短的培训课程上，对所学内容也很少重新回炉。

这也并不意味着公司在制定战略时放弃了员工的幸福。事实上，公司人力资源部门反而将“幸福”当成主要目标。但是，复原能力往往是通过“自我关怀”的训练和指导来提升的。这释放出来的信号很明显——这是个人问题，公司会协助你处理。因此，科学家认为，大家在研究公司复原力问题上出现了方向性错误，比如“让大家多做瑜伽，多健身，多下载冥想类应用软件，给员工办理健身会员等，这样就能解决问题。”

在我看来，将复原能力融入公司文化既不仅仅是个人关注的事情，也不全部是公司的责任。我们需要从各个角度入手来提升复原能力。本书第2章从个人角度提出了如何通过身体、心理、情绪等方式获得精力，而本章则是从公司层面出发提出了一些更宏观的概念。

运筹帷幄：从根基处助力团队发展

人们对树木的科学理解发生了革命性的变化。彼得·沃雷本（Peter Wohlleben）在他的著作《树木的隐秘生活》（*The Hidden Life of Trees*）中，把这些惊人的发现公之于世，他也是将该发现公布于众的第一位作家。自达尔文后，人类一直以为树木之间不存在联系，相互独立同时相互竞争——寻找最适合生存的生长环境。但现在，有许多科学依据可以推翻该观点。事实上树木反而相互依存，在地下它们是共生关系，在地上又共享空间与阳光。

这样的道理也可以运用到公司上。复原能力强的团队，会和根基、愿景、目标有深刻联系，同时也具备回应和灵活适应新局势的能力（见图11-1）。此外，团队还优先预留出学习和发展的空间。这些技能均是在同理心、合理的乐观主义、积极进取的自信心的基础上，通过互帮互助的关系网得以实现的。而根基、灵活、空间、支持这四个因素都建立在信任之上。就好比大树需要阳光和水分，信任对于以下几件事情也起着关键作用：

- 相信公司的愿景与目标。
- 接受改变，并迅速通过迎接挑战来解决问题。
- 花时间享受学习和成长的过程。
- 向旁人示弱，有同理心。

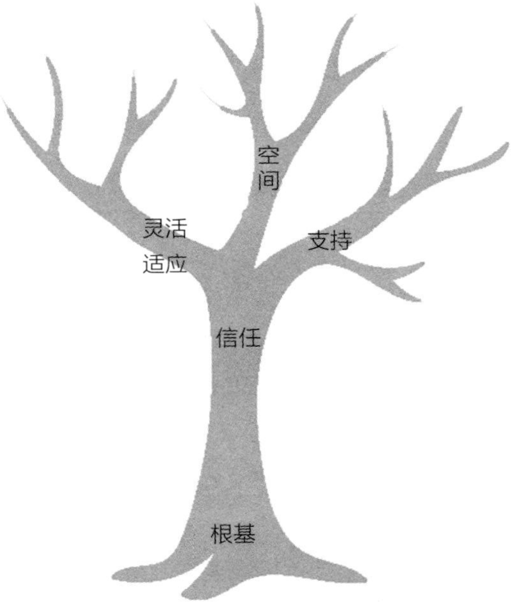

图11-1 复原能力之根

战略1：有稳固的根基

英国切尔滕纳姆有一所学校，可以通过教育与学习帮助青年残障学生认识到自身潜力。学校平时总会有各种复杂的决策。在新冠肺炎疫情期间，这些决策变得更加紧迫，而且需要快速执行。我在和校长西蒙·韦尔奇聊到他们对此的反应时，他对于“根基”的关注深深打动了我：

“将复原能力融入公司文化不是件一夜之间就能完成的事，复原力其实是以公司的目标与愿景为基础的。在本校，每一个决定都不能离开我们的初心：接受我们教育与关怀的青年学生。每年，学生会变，其需求也会变，但我们的目标和愿景从未改变——即使是实现方式可能会变。一个领导团队越是能够相互信任，越是能认识到改变与成功的必要性，就越能适应快速变化的环境。”

锦囊妙计

测试目标

愿景和目标对于领导层不可或缺，多数领导者也能清楚地表达出自己公司的愿景和目标。但你能确保公司里其余人也清楚你的愿景（我们的前进方向）和目标（我们为何做这件事）吗？压力来临时，第一件事就是质疑目标：我为什么要做这件事？我每天早晨起床的动力是什么？我有多重要？我如何发挥作用并带来不同？

个人对此如何理解你无法控制，但是你有责任确保自己公司的愿景与目标富含深意，振奋人心且深入人心。如果对这一点你尚不确定，表11-1中有8道题，等团队回答完毕后你会对此有进一步的了解：

表11-1 测试你的目标

目标	同意	不同意
1. 我知道并理解公司愿景		
2. 我相信我们的目标会实现		
3. 我对未来持乐观态度		
4. 我为公司对客户所做的一切感到自豪		
5. 我知道团队目标，也知道我们如何能带来改变		
6. 我知道自己如何发挥价值并助力团队和公司实现目标		
7. 我很适应，也想全心付出		
8. 我目标明确，规划出了里程碑式的重要事件		

战略2：用信任领导团队

史蒂芬·柯维（Stephen Covey）在《信任的速度》（*The Speed of Trust*）一书中指出："信任可以改变一切。信任是当今人们理解程度最低、忽视最多、最低估的一种选择。"我还从未见过有哪个公司或团队能在缺乏信任的情况下互相尊重并继续高速运转，更别提处于逆境中了。我认为，信任必须处于任何领导团队的核心位置。也难怪兰西奥尼（Lencioni）在"团队运转五准则”中将“信任”摆在基础位置。也就是说，如果没有信任，公司的任何事情都不会朝着理想的方向发展。

小试牛刀

信任之重要性

做完下面这个练习后，你就会明白在将复原力融入公司文化过程中信任的重要性。先凭自己的感觉把表11–2的空填上吧。

表11–2　信任的重要性

行为	当我信任一个人时，我会……	当我不信任一个人时，我会……
（相信）……		
（感觉）……		
（说）……		
（做）……		

你可能会发现，信任程度不同，你的行为会大不相同。以下是其他领导者的发现，如果没有信任，这些领导者会：

- 隐藏缺点和错误。

- 不愿寻求帮助或提供建设性反馈。
- 对于自己责任范围外的事情，迟迟不愿提供帮助。
- 对别人的意图和天赋妄下结论。
- 心怀积怨。

如果抱有信任，这些领导者会：

- 承认缺点和错误。
- 请求帮助。
- 接受职责范围内的问题和意见。
- 在下负面结论之前，尽量把旁人往好处想。
- 愿意承担反馈和帮忙的风险。
- 毫不犹豫地道歉或接受道歉。

团队面临压力时，如果上述因缺乏信任而带来的行为又在队内蔓延，那么你的团队只会走向脆弱和僵化。谷歌曾发起了一项所谓的“亚里士多德计划”，研究谷歌各个团队表现有好有坏的原因。研究发现，“心理安全”是一个重要因素。这其中，团队构成并不重要。真正重要的是互相信任、互相尊重、敢于发声、不会互相指责。正如都希格所说：“我们必须要指出哪里有问题，要敢于和让我们抓狂的同事展开沟通，不能只顾效率。”

其实很多人都会被问道：“你说得没错，但你如何建立信任？”这件事并不简单，也不像我之前介绍的那些三步法一样，一步一步照做就会成功。

但我可以保证，只要你开始信任、表现出信任，你也会从旁人那里收获信任。如果你愿意示弱，乐意与团队分享一些个人情况，那么大家就会知道开放性与同情心的重要性。

我在培训需要高度信任的领导团队时，一开始就会让团队做下面这个小练习：

与团队分享一些不为人知的个人情况

每一次的练习都让我感动：队员们都会展示出自己的弱点，全队上下也会迅速建立起信任。

战略3：调整，变通，适应

我共事过的许多公司都有负责创新变革的团队——专门负责探索和预测未来局势、测试和使用各种方法、制定新型策略等。毋庸置疑，这类团队往往极富活力和创造力。可是，还是有不少公司已经习惯僵化的行事模式。这一点从公司员工的言语和行为上就可以看出来。例如，你是不是经常听到：

我们从来没这样做过。

我们之前试过。

顾客不会让步。

董事会对这种方法不感兴趣。

这没用。

本来一直都是这样。

或者，团队危机四伏，却任由时间一点一点过去，不从错误中吸取教训，不鼓励表扬做得好的地方，也从不质疑行动背后的设想是否合理。

这就意味着，团队会不停错失调整、变通的机会，也无法适应不断变化的环境。下一步，我们来一同探索如何通过调整语言和加强学习来进一步将复原能力融入公司文化。

锦囊妙计

乐观语言

“乐观”一词已经被人们用滥。人们很容易忘记，其实乐观带有一种“解释性风格”。也就是说，你如何解释当下的逆境或挫折？如果遇到困难时，你会用“总是”“从未”“任何”这些词吗？例如，如果你没有得到自己想要的职位，你会给自己说些什么？“我再也升不了职了……”“这事总是发生在我头上……”“我这辈子估计就在这儿了……”如果你和某人关系紧张，你又会如果解释？“事情总是这个样子……从未变过……他跟任何人都是那副样子。”对于悲观主义者来说，就算有好事发生在身上，他们也只会将其归为侥幸。

能否将复原能力融入公司文化的核心，在于这支团队思维是否灵活，眼界是否开阔。乐观型团队不会用上文提到的那种方式去解释逆境与挫折，他们认为逆境与挫折都是具体的、短暂的。例如："不会总是""不会永远""不是所有"（不总是我们的错）。换句话说，乐观型团队遇到挫折后，能将其联系到具体的某个暂时的局势，并认为该局势能被改变，不会把困难与团队缺点联系起来。这能鼓舞团队，也能帮助团队变问题为优势。我常和客户谈到要把逆境装在"箱子"里，不让问题蔓延到其他地方。

小试牛刀

悲观思想VS乐观思想

假定你的团队面临着一项难题，例如：错过重要截止日期，客户发飙，技术崩溃等。面对这些困难时，你会使用什么样的语言，悲观的还是乐观的呢？在把这些分享给团队之前，自己先试着把自己的悲观思想写出来，然后再写一个乐观版本的。以表11–3为例：预算申请未获通过。

表11-3　悲观思想和乐观思想的不同想法

	悲观思想	乐观思想
总是	事情总是这样	虽然不是好消息，但是我们可以依据反馈重新规划
从不；从未	董事会再也不会支持我们了	六个月前，我们确实收到了一个提案。可以再试一次
任何	或许这队伍什么都做不好	我们团队有许多做得好的地方，什么结果也改变不了这一事实
我们	我们资源不足，系统跟我们对着干	我们要想办法调配资源以适应系统

锦囊妙计

从危机到机遇

领导者往往只会关注危机的消极方面，却没意识到随危机而来的机遇。危机是公司变革与振兴的好机会，可借此创新并优化体系。危机可以让你变得更好，做事更加正直，并优化客户体验。以下十个问题可以让团队加强复原能力与灵活性：

❶ 在过去几个月里，出现了哪些新优势？

❷ 我们可以认识和保留哪些新工作方式？

❸ 我们的态度和看法有哪些积极转变？

❹ 我们如何充分利用这些优势？

❺ 什么劣势逐渐凸显？

❻ 什么/谁/哪个部门在拖我们后腿？

❼ 在我们的市场或文化中出现了哪些新机遇和新需求？

❽ 什么让人兴奋？什么现在让人最有干劲？

❾ 谁没有好好利用这些新出现的市场/产品/服务（我们如何填补这个空缺）？

❿ 有什么新威胁，威胁从何而来？（当地？全球？健康和福祉？人员流动？文化转变？）

战略4：空间VS节奏

任何团队在面临压力或逆境时，节奏都会加快。以2020年我的一位客户为例吧。一周内，客户的公司下令其1000余名健康职员85%转为居家办公，并确保剩下的15%可以在总部或客户中心等没有感染风险的地方工作。信息技术系统进行了升级，预订了符合人体工学的家具，灵活的工作方式也迅速落地。人力资源部门加班加点制定出了合理的休假办法，员工也开始逐渐适应在家工作。同时，高级领导层、人力资源部、信息技术部、财务部、客服中心、创新变革部门等都一同努力，迅速完成了这项大转变。这项转变在极短的时间内就收获了惊人成果。

但此处也存在矛盾。由于要可持续地将复原能力融入公司文化，所以我们必须给予节奏和空间同等的重视。此处的“空间”是什么意思？

反思本周工作的能力。

完成一天的工作后还有精力留给家人。

不会讨厌查看收件箱。

开完会后还会逗留一下和别人聊聊天。

在有人和你说话时你会合上电脑。

你能在日历上排出思考时间并坚持！

这就是空间。

第2章讲的是个人复原能力和自我关注，我曾把复原能力归为五块电池（身体、精神、情绪、关系、目标），这五块电池需要持续关注和充电。公司适应能力也与此没什么两样。其实，一些科学家就认为，公司最重要的资源就是能量，个人能量的提升会带来公司能量的提升。我建议，读者可以再返回第2章，从公司层面再来做一次“精力的消耗与补充”练习。我愿意打赌，最消耗公司活力的一定是会议。许多经理每天要参加15—20次会议，远程工作时这个数字只会继续增加。

锦囊妙计

更好的会议，更多的空间

如果会议效率得到提升，会在全公司释放出更多空间吗？多么美好的目标！虽然该领域的书提出了许多建议，但这些建议更像一些标准化模板，例如，设置目标驱动型日程表和清楚个人目标，但这确实也是一些不错的建议。史蒂文·斯皮尔伯格有一本关于会议的著作，在书中，斯皮尔伯格引用了前英特尔公司首席执行官安迪·葛洛夫（Andy Grove）的一句名言："执行不力、非必要的会议是浪费时间的另一种形式，而且我们本可以避免这种浪费。"

以下10条策略，可能你并没有尝试过，但我亲历过他们在实践中获得的成功：

❶ 不要安排一小时以上的会议。会议时长要设置具体且特别，例如：18分钟或43分钟。

❷ 无论谁缺席都要按时开始会议（把最重要的信息放在会议开始时讲，这样开会就没人迟到）。

❸ 开会时间要短。几个人聚在一起聊15分钟，或者出去走10分钟也行。

❹ 安排不同的人负责日程表的不同部分，给他们预留出准备

时间。

⑤ 不要重复使用一份日程表。这是懒惰的表现，人们也会养成不好的开会习惯。

⑥ 会议越复杂，邀请的人就应该越少。

⑦ 尝试开一次安静的会议。在会上，安排一次头脑风暴，让大家思考10分钟，然后写下自己的想法，再开始沟通。如果觉得这个做法有点困难，可以试着只问一个问题，然后给每个人2分钟的时间写下他们的想法。

⑧ 如果你受邀参加会议，学会问“为什么”。或许可以更礼貌一点，“您希望我做些什么？”

⑨ 在会议上使用计时器。根据我的经验，人们一开始会不同意这样做，但这能保证每个人遵守时间的限制，让所有与会者都可以发声。而且你很快就会发现，一旦人们知道3分钟的发言到底意味着什么，就不必再使用计时器了！

⑩ 让合适的人来参加会议，少即是多，确保到场的人都能参与其中。

战略5：支持——“靠着我”

五十年来，进化论一直认为人类基本上可以说是自私的。理查德·道金斯（Richard Dawkins）的《自私的基因》（*The Selfish Gene*）一书中指出：物竞天择就是让优秀个体脱颖而出——类似于之前的树木理论。

近期，越来越多的心理学家、社会科学家、历史学家推翻了这条理论。例如，鲁特格尔·布雷格曼（Rutger Bregman）在其著作《人类》（*Humankind*）中证明，就本能而言，人类更倾向于合作和信任，寻找旁人身上的优点和正面信息，而非竞争和不信任。换句话说，布琳·布朗（Brene Brown）认为："人类天生希望合作。"

科学研究发现，在面对极端逆境时，人类会很自然地向旁人表露出善良、感激、同情。但要将复原能力融入公司文化，你要让公司上下在各个方面都可以团结在一起。不仅仅是在危机来临时团结一致，更要把相互支持的精神注入公司的血液里。

反思时间

真正的团队是什么样的？

"逆境可以让你认识真正的自己。"该说法引人深思，指明逆境和压力会撕下人的面具，看到自己的真面目——在本章的案例中，应该说是团队的真面目。那么，在提供支持方面，团队是否具备基本条件？团队是否又已经准备好应对逆境呢？团队在面临压力时是什么样的？我们从同情、开放、多谋、期望四个方面开始这一理解的过程，你可以从以下4个问题开始反思：

同情：你的团队是否相互关心、荣辱与共？

开放：团队内部能否展开诚恳沟通并提供或接受建设性反馈呢？

多谋：面临压力时，团队能否团结一致、共享资源、创新性地解决问题？

期望：大家是否清楚个人在团队中的作用，对彼此都有什么期望呢？对团队的团结与支持又有什么期望呢？

锦囊妙计

扩大指导的范围，让支持融入公司文化

领导者谈及指导时，往往指的是指导团队。关于这部分的内容，第5章和第6章有提到。如果你能意识到指导一直以来都是一种持续的、积极的领导力技能，而非对于问题的警示，那就更好了。可以将自己的指导实践扩展到你所属的领导团队——我在此处指的是同伴互助。

为了将复原力融入公司文化，“支持”是其中重要的一步，公司各级都应该觉得，自己在公司里有可以示弱的人，有可以信任和坦诚相待的人。我明白，有些领导可能觉得同伴互助有些尴

尬，但可以保证的是，同伴互助可以带来双赢。有过该方面体验的客户称，同伴互助是一个解决麻烦的好办法。同事间更加信任，可以互相交换想法，同时也能减少被孤立的情况。

以下是开始同伴互助的5个办法：

❶ 找到一位信任的同伴（此人需要做到保密），并邀请对方与你一起开展同伴互助。告诉对方自己希望从该过程中得到什么。或许可以让对方也读读本章？

❷ 刚开始时一个人20分钟就比较合适。时间再短一些也可以，不过不能以没时间为由去拖延！

❸ 选择一个你希望关注的话题。例如，你近期从事的项目、一段紧张的关系、应付的各种麻烦，专注于某一个具体话题。不要只是抱怨！记住，你要的是观点、问题、建议，而不是在对方身上找解决方案（尽管办法可能会自己出现）。

❹ 轮到你指导时，请尊重对方，全神贯注地倾听。

❺ 最终，如果双方可以达成一个见解或行动，这便是一个好习惯。

总结一下，提升复原力不是你可以随便列入日程表的一件事。要想提高复原力，我们要采取积极措施，确保公司各级拥护你的目标，带着信任和同理心行事，并保持思维灵活。团队会感谢你为大家留出思考和发展的空间，多部门之间的互相扶持也会让你更加自信地面对下一次的困境。

将复原能力融入公司文化的10条建议

❶ 仔细寻找公司架构中哪些地方会阻碍我们提升复原力，哪些体系是帮不上忙的?

❷ 创造互相信任、互相尊重的团队氛围。

❸ 会议上大家轮流发言，展开沟通，确保人人可以发声。

❹ 鼓励多种行事方法，用不同方法来解决问题。

❺ 保持乐观、好奇、客观判断力，起到带头和榜样的作用。

❻ 如果你发现工作节奏已经让员工不舒服，就要给予员工更多空间。

❼ 用灵活的态度和复原能力强的团队来稳固公司的基础。

❽ 不仅要从逆境中重整旗鼓，还要从中学习并适应新环境。

❾ 关注公司的奖励政策。不要鼓励加班，要鼓励出谋划策、相互支持、谋求发展。另外，不要忘了午休!

❿ 从信任开始，带着信任做事，并对信任给予回报。

第四部分

影响力

● ○ ● 第12章

打造你的专属领导力“品牌”，并因正面因素留在人们心中

无论你喜欢与否，你身上都贴着某种标签，这些标签让人们对你得以了解（想想人们在背后怎么评价你的吧！）。不管你是从头开始，还是进行“标签”更新，抑或是通过领导力转型来重塑自我，有两个问题（①你的主张是什么？②你如何脱颖而出？）可以帮你定义并传递适合自己的“品牌”形象。

问题何在

事实上，你身上的标签就是你的“品牌”，“品牌”的声誉则是你领导力的关键所在。你是“品牌”的领导者，“品牌”声誉则等同于公司声誉。如果你管不好自己的“品牌”及其声誉，有人就会代替你，所以最好还是自己来。打造“品牌”有两个问题需要处理。第一，人们对此没有足够重视。第二，人们被个人身上的“品牌”所困。例如，你知道自己领导力的“品牌”是什么吗？这个问题非同小可，因为人们正是通过“品牌”来注意你、记住你、提拔你。同时，你也有可能因此被忽略和轻视，或在职业生涯发展过程中逐渐停滞（这时候你还搞不懂为什么）。尽管有一些客户希望增强存在感、优化个人“品牌”，但仍有许多领导者对此并不重视，认为随着工作发展，这个问题会自行消失。

如果你将走向全球化、增强竞争力、管理职业生涯发展、掌控公司变革节奏等纳入考虑范围，脱颖而出的能力就变得尤为重要。如果你听到人们背后对你的评价时，希望你可以拿出一支笔记录下来，为自己身上的“品牌”负起责任，并为人们如何定义你感到自豪。我记得，有一次，在一位客户公司排队吃早餐时，无意间听到两个人在讨论我（这两位马上就要参加一个我带的课程）。“她怎么样？”一人问道。另一人立马回答说：“就像朱莉·安德鲁斯（Julie Andrews）碰到一只狐獴。”好吧……至少很特别，不过是时候引起重视了！

被个人身上的“品牌”困住又是什么意思呢？我可以马上想到三位想摆脱个人现有标签的客户。卢卡是一位“悦人者”，埃莉则是“技术狂”，还有马特，他是一位“金牌销售”。这些标签本身并没什么问题。但是，这三人要想在职业生涯中取得进一步发展，这些标签就会起反作用。下面是大家对这三个人的讨论：

卢卡很不错，他会先考虑大家。但是，我不确定商业上他能否胜任更重要的角色。

埃莉的专业知识和技术能力都比其他人好，可以帮助她走向更高的位置。但是我不确定她的情商是否够用。

马特做事以目的为导向，这对公司很重要，我们要用这一点来引领销售团队。但是，我觉得他可能比较欠缺战略眼光。

可以肯定，这三人能拿出来无数的例子来证明自己的商业才能、情商、战略眼光。但是，有一句话说得好，感知即现实。朗费罗（Longfellow）在史诗《伊凡吉琳》（*Evangeline*）中写道：“我们用‘我能做到什么’来判断自己，而别人用‘你已经做过什么’来判断你。”

所以，不管你接受与否，现实就是如此。别人就只会用几句话来定义你，而绝大多数人却无法从战略角度来打造自己身上的“品牌”，树立自己的志向、价值观，以及思考希望别人如何看待自己，又如何将想法转变为行动。

运筹帷幄：主张/脱颖而出

这个方法很简单，只需要回答两个问题，即可制定并传递自己的“品牌”：

❶ 你的主张是什么？（真实的自己）

❷ 你如何脱颖而出？（特别的自己）

你的主张是什么？

领导者，由价值观和性格特点界定，由个人理念塑造，通过学习、反思、指导、反馈、获取经验得到发展。价值观构成个人道德界限，人们常称其为“真正意义上的领导力”。我曾请一位教授总结什么是真正意义上的领导力。教授的答案是“露西，就是做你自己”。我认为，要想做真实的自己，就要找到自己一生的热爱所在。例如，我曾多次转行，先后当过歌手、销售、培训总监、心理学家、博士研究生、领导力辅导教师、作家。尽管职业生涯跌宕起伏，但我在工作中始终坚守自己的热爱：热爱学习、做事有韧性、对别人产生积极影响。这三点对我非常重要。如果没有这三点，我就没办法做自己。或许有的读者可以立马找到自己的热爱所在。如果找不到，可通过回答下述问题帮助大家找到这个关键问题的答案。这些问题很关键，且不容易回答，慢慢寻找答案，享受反思过程。

反思时间

真正的自己

热爱与价值观

- 你什么时候会坚守立场？在什么问题上？
- 什么话题说起来会充满热情？
- 哪些价值观对你来说是根深蒂固的？
- 什么会让你愤怒/远离别人？
- 你为什么做这份工作？

成就

- 回顾职业生涯，你对自己的什么成就最为自豪？
- 这些成就如何体现出自己处于最佳状态？
- 你在哪些方面做得比其他人好？
- 在其他人眼中，你的关键成就是什么？

锦囊妙计

此外，我们还可以利用性格优势。人们通常不习惯讨论自己的优点，担心旁人觉得自己骄傲。不仅如此，我们天生都有一定程度的消极偏见，习惯关注消极方面。心理学家罗伊·鲍迈斯特（Roy Baumeister）就曾提出："坏比好更强大。"

许多人都无法专注于优势或做得好的地方，总是回到自己的缺点和面临的各种问题上。因此，下面这份清单将会帮你关注自己的长处。什么优势让你觉得很自如？什么优势会赋予你能量？什么优势能让你感到兴奋？如果你把这份清单给别人，你的优势会得到对方的认可吗？选出5条，这些会成为你的超级优势：

创造力（独创性、聪明才智）

好奇心（兴趣、追求新颖、经验开放性）

判断力（思想开放、批判性思维）

热爱学习（掌握新技能、新话题、新的知识体系）

明察事理（智慧）

勇敢（勇气）

坚持不懈（勤奋）

诚信（真实、正直）

热情（激情、活力、能量）

爱（爱与被爱的能力）

善良（慷慨、培养、关怀、同情、无私的爱、和蔼）

社交智能（情商、个人智商）

团队协作（公民责任感、社会责任、忠诚）

公平（正义）

领导力（鼓励团队成员完成任务并与团队成员保持良好关系）

原谅（仁慈）

谦逊（谦虚）

谨慎（认真选择）

自我约束（自控）

欣赏美与卓越（敬畏、惊叹、提升）

感激（意识到并感激发生的一切好事）

希望（乐观、未来意识、面向未来）

幽默（爱开玩笑）

精神性（意义、信念、目的）

以上两个练习均旨在帮你寻找自己的热爱所在。把它们与自身情况结合起来，只要你认真对待，清楚它们对你的重要意义，这些就会变得切合实际。

例如：

卢卡：我热爱的是领导力与团队协作。我的团队若能取得发展，我也会随之进步，因为构建实实在在的关系对我而言很重要。信任构成了我的“品牌”的基础。于我而言，领导力全然在于复原能力和勇气，因此我希望在艰难时刻鼓舞团队的乐观情绪，在顺利时期也要对成绩进行祝贺。

埃莉：我看重的是要以真实、协作、开放的方式来领导团队。我会倾听学习，在公司各个团队之间构建关系网。这意味着，我可以让我们的团队知道自己做出的巨大贡献。如果我可以帮助自己或别人提升存在感，那么我会更有干劲。和任何事情一样，这会产生连锁反应。

马特：在领导战略项目时，我自始至终信心坚定、顽强不屈，以商业眼光寻找有利结果。作为领导者，我是一位实干家，能给大家带来干劲，鼓舞大家完成任务。我热爱公司的多元客户群体，提倡包容，欢迎差异。

你如何脱颖而出？

这是一个大问题！所以呢？在领导力领域有什么不一样吗？高菲（Goffee）与琼斯（Jones）在著名文章《你凭什么领导别人》（*Why Should Anyone be Led by You*）中提道：“激励型领导者的另一个特质是，愿意利用自己的独特之处。任何方面都可能成为你与众不同的地方，关键在于大家是否知道。但是，多数人都不太愿意让大家知道自己的独特之处，这些人往往要花几年时间才能完全找到自己身上的不同。”

让自己与众不同需要做好两方面：

- 你的形象
- 你的行动

从形象谈起

在发展个人“品牌”过程中，只有粗心大意的人才会忽视个人的外表带来的影响。我也不想让形象那么重要，希望对方将你的价值观与能力作为对你评判的标准。但是，意大利时尚设计师缪西娅·普拉达（Miuccia Prada）曾说过：“你的穿着是你向世界展示自己的方式，特别是在当下，人与人之间的接触那么短暂，而时尚就是瞬间实现的沟通。”

锦囊妙计

有关“风格”的问卷——我的“品牌”形象

看看下面的问卷，从外表、声音、感触三个方面反思个人的形象。别忘了，你正在回答的问题是“如何脱颖而出”，每一项最多圈出三个词（或者自己添加其他词汇），这些是你想让公司同事为你贴上的标签——也就是你未来的“品牌”。

有关“风格”的问卷

我的外表？

量身定做 前卫 波希米亚 放松 极简抽象 中性 现代 舒适 青春 凌乱 动感 时尚 雅致 休闲 运动 古怪 讲究 夸张 强势 精致 简单 鲜艳 大胆 低调 昂贵 艺术 优雅 协调 有趣 不过时 时髦 入时 个性 别致

我的声音？

伴着呼吸声 活跃 安静 有说服力 有力 体贴 高音调 轻声细语 谦逊 刺耳 强势 友好 博学 权威 深沉 不确定 焦虑 轻松自信 快 活泼 平静 随意 放松 严肃 坚定 讲事实 温暖 有活力 单调 明快 温和 非正式

对我的“品牌”的感触？

创造性 冒险 精力充沛 悲观 主导 动态 成功 外向 内向 礼貌 信任 矜持 敏感 谦虚 随和 平易近人 有干劲 雄心勃勃 冒险 合作 专注 独立 有活力 有趣 冲动 乐观 自信 权威 支持 严肃 鼓舞人心

小试牛刀

现在，将这份问卷交给至少三个你信赖的人，相信他们会对你当前的领导风格做出真实反馈（5分钟即可完成，午饭时间正合适）。让他们从每部分中圈出三个词，代表目前他们对你的印象。

得出结果后，进行反思。你探索的目标应该是自己当前的“品牌”形象与未来的“品牌”形象之间的差异。将自己的选择与别人对你的反馈进行比较，给自己提出以下三个问题：

1.有哪些做得好的地方你预测到了？

这里要找出的是一致之处，旁人的哪些反馈与你所希望的自己的“品牌”形象是相同的。

2.你打算如何强化这一点并保持下去？

先强化已有部分，再寻找不足方面。

3.有哪些不一致的地方你又没预测到呢？

换句话说，你希望大家如何看待你？哪些词你圈了但别人都没圈？差异何在？会不会是你想要“创造性”，但别人却圈出了“冲动”“主导”等词。

例如，此前埃莉对自己的“品牌”形象概括为包容与协作。她的问卷反馈也在外表和声音两个方面体现了这一点，她的外貌优雅，说话方式体贴又能体现博学。埃莉也很喜欢这样的评价。

但是，问卷反馈在第三个方面未能与她的自我评价达成一致。她希望自己在别人眼中是让人有干劲、有合作精神的，但问卷结果显示的却是独立且矜持的。问卷的其他答案表明，埃莉需要在鼓励和表扬团队方面多下功夫，同事间要多联络感情。“不要总低着头，多把头抬起来看看。”一位问卷回答者建议道。

行动

让大家了解你的“品牌”

品牌的生存与一致性和持续性相关。而我们此处强调的其实是信任，有了信任大家才会买你的账。例如，如果一个公司标榜自己“客户至上”，但却忽略客服团队的建设，那么我们一定会对其产生怀疑。再比如，如果我们支持保护环境的公司，就应该对他们共享汽车的行为给予奖励，这样才有助于获取别人的信任。根据2020年爱德曼信任度晴雨表，信任是通过能力和行为构建起来的，世界上只有不到三分之一的人信任自己的上司。盖洛普敬业度调查也得出了类似令人担忧的数据，仅有36%的员工认为自己在工作中敬业，有14%则认为自己在主动摸鱼。我们必须对此有所行动！

我们已经讨论过了如何从外表建立一致性。现在，想想大家可以通过哪些方式了解到你的“品牌”。由于我们工作日里有80%的时间都在相互沟通，因此这些方式多得不计其数。诺埃尔·赞达（Noel Zandan）在《量化沟通》（*Quantified Communications*）中指出，在人类传达的所有信息中，自己往往只能意识到其中的5%—15%，而还有高达95%的信息人类是意识不到的。如果你试图让自己意识到自己所有的习惯，你会失去理智。以下有5种方法，可以让大家了解你的“品牌”，传达个人信息：

1. 你的汇报。
2. 你主持的会议。
3. 你与团队的关系。
4. 你在社交媒体上传达的信息。
5. 你所在团队在公司的行为。

让个人价值观、优势和自身行为保持一致的做法会让你与众不同，但是以下这些方法也会帮到你：

如果要进一步提升个人存在感（更多相关内容见第14章）

- 在会议上要保证积极，不能被动或主导会议。
- 以他人的贡献为基础，提出问题，并表示肯定。
- 与团队外部建立联系并直接接触。建立有影响力的战略关系网。
- 努力在工作之外做出贡献，如计入福利委员会或参与慈善事务。

如果你想做一次成功的汇报（更多相关内容见第13章）

- 汇报内容从观众角度出发。观众究竟想听什么？幻灯片数量要少于5张。
- 开场要富有活力。
- 与大家互动。
- 在规定时间内完成，不要超时。（观众会感激你的！）

如果你想让会议开得更成功（更多相关内容见第14章）

- 时时刻刻问自己你为什么要出现在这场会议上：目的何在？你能赋予什么额外价值？你为何受邀与会？
- 如果你主持会议，提前安排好议程并严格遵守。
- 人人发声，不搞一言堂。
- 要求行动：这样的话，我们下一步要做什么？谁为此负责？我们如何了解任务进度？
- 少开会！

如果你想与团队关系更密切（更多相关内容见第5章）

- 合理设置愿景与方向。
- 讲述个人价值观，让队员富有活力，让他们知道自己对于你的重要意义。
- 展示团队成就。
- 祝贺所取得的成就，并帮助团队间互相交流，正式或非正式皆可。

在社交媒体上交流时

- 考虑自己进行交流的目的。为何沟通？想要什么结果？
- 思考读者想知道什么。不要发布无意义的信息。
- 积极向上，短小精悍。
- 只使用有亲和力的平台。一个足矣！

在公司内保持团队行为与你一致

- 确保你已经与大家分享过你的价值观和你觉得重要的事情。
- 清楚自己想要的行为。
- 构建团队品牌，每个人都会与其保持一致。
- 从其他团队获取反馈。对方如何定义你所在团队的行为？

构建个人“品牌”的10条建议

❶ 你的“品牌”表明你的主张与你脱颖而出的方式。

❷ “品牌”包括品牌声誉及其影响力。

人们越常想起你，对你评价就越高，你的声誉就越好。

❸ “品牌”要与众不同。

品牌并非一成不变，它是持续发展的。

要脱颖而出，要与众不同，应该让人们记住你是谁、你做了什么、什么让你与众不同。

④ “品牌”要兼具真实性和持续性。

好品牌总是真实的，因为好品牌建立的基础是真实的你，以及你的生活与工作。你要立志成为最好的自己。

⑤ “品牌”很有价值。

好“品牌”会赢得想与你共事的人的青睐。作为领导者，人们会追随你，客户也会信任你的团队。

⑥ 外表也是“品牌”的一部分。

外表是你“品牌”身份的关键部分，因此为此费时费力是值得的。

⑦ 工作头衔不是“品牌”的一部分。

工作头衔并不会让你独一无二。头衔至多表示你在公司中的地位或者你掌握的某些技能。

⑧ “品牌”应像高楼般脱颖而出。

想象自己的“品牌”是一座正在修建中的建筑，你肯定想让这座建筑独特又显眼。但是，动工之前，你必须先准备好——了解自己的长处。

⑨ “品牌”要与行为一致。

思考一下所有能体现价值观的行为方式，充分发挥你的积极行为的作用。

⑩ 构建团队品牌。

确保团队行为的一致性与连贯性。

第13章

从传达信息到鼓舞士气：如何做好汇报并让观众付诸行动

无论是小型线上会议，还是会议厅里的大型会议，汇报都不仅是传达信息，更重要的是要给观众以启迪并令其付诸行动。我们要认识到连接的力量，要在规划和汇报过程中时刻把观众放在核心位置。本章共提出了6个问题以帮助读者掌握汇报中的重要内容，同时还分享了5个克服怯场的办法。总而言之，本章会让你的汇报引人入胜、充满激情！

问题何在

让人惊讶的是，多数公司的汇报都很无聊。之所以让人惊讶，是因为公司本有各种资源可以让汇报更有趣，可以帮你顺利完成汇报，但公司汇报仍旧是念不完的幻灯片、拖沓的事实陈列以及无穷无尽的信息。或许我此处的描述有些夸张，那么你的汇报每次都很成功吗？希望如此。因为如果一场汇报中既有惊人的事实，又充满激情，能呼吁观众行动起来，那么作为观众一定很开心。相信我，观众会感激你的！

古罗马伟大的演说家西塞罗将“启迪”定义为一种能力，一种向观众证明你的建议可行，让观众愉快、感动的能力。这个定义很恰当。如果我们再次使用连续统一体这张图（见图13-1），一端是“传达信息”，另一端是“启迪心智”，想想自己的上一次汇报，你处于统一体上的哪一端？

传达信息（陈述事实） ———————— 启迪心智（付诸行动）

图13-1 “启迪”连续统一体

如果你的汇报处于左侧，是什么因素阻碍了你对观众的鼓舞，或许第二天你已经被遗忘了，就更别提以后了。

让参加培训的领导者在大大小小的会议上发言，我认为这项训练与懒惰和能力无关。多数人虽然十分在意自己的沟通，却有一个主要的心理障碍：脆弱。

公司中需要你在大家面前抛头露面、供人评判的机会其实不多。汇报或许是你工作中最抛头露面的时候了，你会陷入深深的恐惧，担心“被揭穿”和怯场。因此，也难怪你会用很多方法掩盖自己的脆弱：

- 躲在幻灯片后面，保证脱离幻灯片讲话的时间越短越好。
- 关灯。
- 站在讲台后。
- 坐下来，让电脑遮住自己的大部分身体。
- 为汇报写好脚本，照着读下来。
- 陈列大量信息，希望正确的内容被接受。
- 谈论公司及你负责的全部产品与服务。
- 汇报千篇一律，只是更换客户姓名。
- 对自己闭口不谈。
- 只讲事实，没有感情，没有故事。
- 汇报一开始便道歉。
- 汇报结束时间大家“还有问题吗？”。（我最讨厌的一点。）

我是明白这一点的。20岁出头时，我靠着唱歌和表演养活自己，后来由于怯场我换了份销售的工作。随后我又辞掉了伦敦销售总监的工作，到悉尼担任总经理。在澳大利亚我必须往返于各个州，做各种大型汇报，因此我不得不直面我的恐惧。获取指导、催眠疗法、一定程度的经验帮我战胜了恐惧。此外，为了克服恐惧，我每周还要去唱四次歌！

无论你的脆弱程度如何，以上讲到的方法都可以帮你解决怯场问题，将你的汇报从传达信息型转为鼓舞士气型。这也是我本章的目标所在，虽然这需要你改变习惯、放平心态、接受自己的弱点。

运筹帷幄：连接的力量

观众想从你这儿得到什么？观众想要的并不是精心准备的幻灯片，而是获得某种连接。观众向你提问是为了：

得到你的注意

得到你的理解

知道你能为他/她做些什么

让你解释为什么你比其他人更好

让你帮忙决策

实现连接主要有两个要点：前期规划和演讲方式。或许一想到要规划的是一个个“大理念”，你就会失望地叹气说：“你是说，就这么简单？”是的，就这么简单。通过连接来鼓舞士气的关键一半在于你的计划，另一半则在于你的头脑以及你在演讲时如何暗示自己。

先从重要的开始。为获得关联，规划的关键点是向外聚焦。绝大多数的公司在准备汇报时脑子里都只有一个问题：我想告诉你什么？或许你的问题会委婉些，但归根结底还是会回到这个问题上。

因此，我们需要用以下6个问题把焦点转移到应该强调的地方上——观众。

锦囊妙计

向外聚焦进行规划

❶ 你在向谁做汇报？

❷ 你要传达的最关键信息是什么？

❸ 观众真正想听的是什么？

❹ 你想让观众有什么感触？

❺ 你想让观众采取什么行动？

❻ 你为什么在意？

1. 你在向谁做汇报？

首先应该关注的是观众。如果观众人数不多，就应该考虑一下每个人的性格特点，然后制定相应的策略。例如，观众需要一个5分钟的小总结吗？需要把所有的数据分析都放在一个电子表格里吗？需要在切入正题前多聊会儿天吗？

什么样的语言或者什么程度的行业术语会让你比较舒服？哪些故事会引起你与观众的共鸣？

问问自己，我汇报之前观众都一直在做些什么？这个问题真的很重要。你打算在观众忙碌了一整天后汇报吗？（如果真要这样，汇报最好要短，要充满活力。）如果你要给1000个人做汇报，这些人是不是已经坐了很久？（如果是这样，先让观众站起来缓一下。）

问题1 旨在帮你找到合适的汇报用语。

2. 你要传达的最关键信息是什么？

假设这样一个情况。你刚刚做完一次重要的团队汇报，然后我在第二天拜访了你的团队，并和队员聊起了前一天汇报中的某个重点。队员们能记起什么呢？队员们能给出你想要的答案吗？

问题2旨在帮你找到关注点。

3. 观众真正想听的是什么？

这是你汇报的重点。不是你想告诉对方什么，而是对方到底想知道什么？不要用最老套的汇报结构：

介绍团队

我们的背景与历史

新想法

新想法如何起作用

还有问题吗？

利用上述结构设计的汇报会引导观众这样思考：

这个想法好在哪里？

这样做值得吗？

我们为什么要费这个精力呢？

有其他选择吗？

实施这一想法要花多少钱？

为什么要你来说？

问题3旨在帮你找准从什么方向去准备汇报的内容。

4. 你想让观众有什么感触？

在对汇报进行规划时，很少有人问到这个问题。但是，人们会在背后谈论你，说你迷人、无聊、务实、好相处、焦虑等。观众可不会说“哇，第34页幻灯片可真精彩”“对预算解释得太棒了”之类的话。

回头再重温一下第12章，如何设立个人“品牌”以及你希望带给人们的影响。想想你希望人们在背后怎么评价你。你希望人们发现你自信的一面，还是记住你的幽默，或者震惊之后能付诸行动，又或者是看到你的信誉？

一旦你仔细思考这些并把自己的选择写下来，这就会渗透到你的话语和你对人们产生的影响当中。

问题4旨在帮你找到恰当的情绪。

5. 你想让观众采取什么行动?

如果你不想让自己的观众采取任何行动，不论是大是小——只想让对方听听你的信息——就别浪费大家的时间了，把汇报材料发到大家的邮箱即可。

为了实现从“传达信息”到“鼓舞士气”的转变，必须要有行动的理由。激励不外乎是受到感动，获得相互之间的连接，有理由行动。这并不宏大，可能只是简单到聊聊天，给你提供一些反馈意见，以某种方式与你或你所在的团队互动。但汇报要有目的，而明确目的就会带来不同。

问题5旨在给予你做汇报的动力和目的，同时给予你结束汇报的机会。

6. 你为什么在意?

如果你汇报时可以热情洋溢、激情四射，那么观众会原谅你的许多不足。因为你对汇报非常重视，观众就不会在意你中途出错、开头紧张、技术故障等这些问题。你明确表示出自己在意，这一点对观众很重要。

问题6旨在给你激情。

小试牛刀

假设你是下面案例中的阿里，马上要准备一个汇报。先设身处地考虑一下以下6个问题，然后做出回答：

阿里是一家媒体公司的领导者。公司十分看重多元化包容，并将其作为公司价值观的一部分，阿里个人也很喜欢这一点。他认为，如果可以招聘一名全职的“多元冠军”，歧视的问题就可以得到解决，大家就会在一个包容的环境中工作。阿里准备将自己的想法汇报给高层领导。具体规划如下：

❶ 你在向谁做汇报？

共有8人，性格各异。汇报被安排在高层领导月度会议结束后，汇报时长大约15分钟，但有可能被压缩到5分钟。一部分人支持，还有一部分人持怀疑态度。多数人认为这是大家的事情，而不是某个人的责任。

❷ 你要传达的最关键信息是什么？

这是为我们好，也是为公司好。

❸ 观众真正想听的是什么？

我们要为这个事费精力吗？我们做得还不够吗？

为什么要找专人来做？这不是大家的事情吗？

新人会做些什么？

我们如何获得回报？

❹ 你想让观众有什么感触？

我值得信赖，激情满满。

❺ 你想让观众采取什么行动？

在理想情况下，大家马上签字同意招聘新人。如果对方觉得步子迈得太大，可以看看我总结的案例研究以及其他公司在这个方面所做的工作。

❻ 你为什么在意？

我也曾遭遇歧视，希望公司的多元包容不仅仅停留在嘴上。如果有人掌管这方面的事，我们便可以开始讨论和实践。

现在，回答完了上述问题，阿里便可以从观众角度来准备本次汇报，情绪和语言也达到了恰当的程度。

阿里在此处用到的是他在回答问题3的时候写下的一些反问，这构成了他“启迪圆环”（见图13–2）的基础。

按照“启迪圆环”来规划汇报有以下好处：

- 你是在讲故事，有开头、过程、结尾。
- 紧扣三个标题——尽管这种说法似乎有点过时，但的的确确有效。
- 每个标题里都要搭配有趣的相关信息——视频图片、故事、案例研究、相关数据。
- 你很有信心，知道自己讲的是观众想听到的。
- 你不会跑题，标题和关键词会给你指引。

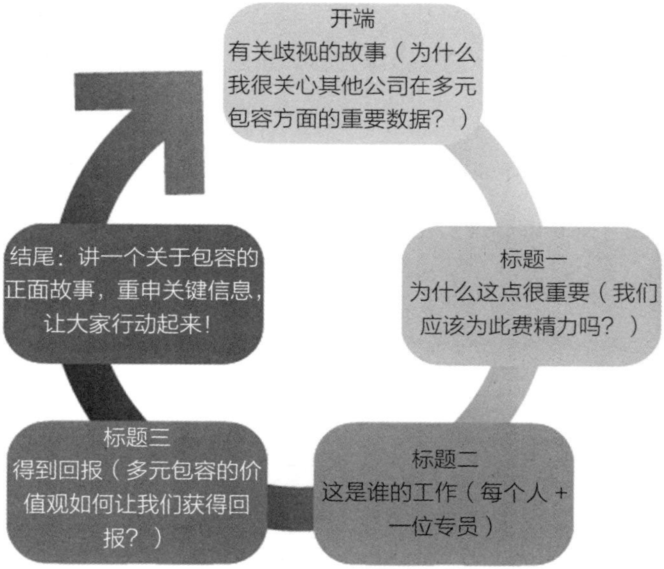

图13-2　启迪圆环

- 如果时间被压缩，很容易找到要讲的重点。

开头和结尾

对于汇报来说，精彩的开头和结尾是最能让人满意的。尽管你可能认为汇报主题枯燥无聊（我曾旁听过关于催化转化器、火柴、冷冻青豆的汇报），我可以保证，没有枯燥的主题，只有无聊的汇报人！所有公司汇报都可以看作是故事，需要有开头、过程、结尾。或者和任何精彩的故事一样，在某个具体的情境下，发现问题，解决问题。

用一个好的开场，让大家对你的主题感兴趣。回顾问题6，想想你为什么在意？这次汇报为什么重要？告诉观众，让观众也和你一样在意。

阿里会讲一个自己遭遇歧视的故事，之后再讲公司在这方面做的努力及其重要性。然后，阿里可以用他对6个问题的回答来对汇报的要点进行阐述：

在接下来的15分钟，我会讲一下我们招聘专员的原因、专员的工作职责，以及更重要的一点，对公司的好处。我想让大家知道我们的方向是正确的，公司最终也会因此受益。在汇报结束之前，我希望听到观众的问题，帮助我们制订下一步计划，找到正确的人。

关于结尾，想想自己的故事从哪开始，然后再结束这个故事。提醒观众它的重要性，以及你希望观众如何行动。例如：

我们已经朝着正确的方向走了一段路。格伦达上个月成了我们公司最年轻的主任，公司对她的成就表示了祝贺。格伦达还发起了一项名为“年轻女性进入领导层”的运动。我们能，也应该继续走下去。如果今天能得到您的允许，我们就可以开始招聘。

提供互动

我很喜欢布琳·布朗（Brene Brown）对弱点和不完美的看法。在布朗所著的《不完美的礼物》（*The Gifts of Imperfection*）

一书中，为减少脆弱性、增加连接性，她提到了“放弃”这个概念。

为实现这一点，需要做到两个放弃：

放弃追求完美

放弃其他人的规矩

完美主义不同于努力做最好的自己。正如布朗所说：“我们拖着一块20吨重的盾牌，希望这块盾牌可以保护我们。”如果你花数小时改幻灯片，因担心出错一直背稿子，反复练习自己并不习惯的动作，因为担心彻夜失眠，那么你就已经染上了一些完美主义者的习惯。

我并不是指你应该放弃练习，而是指你要放弃追求完美，要认识到自己不错，即使出错也没有关系。事实上，如果出错，观众就能发现汇报人也是人。抓住那些产生连接的机会吧。

这意味着，你必须要让你能在面对不确定性时仍然保持自信。我建议，面对每一次汇报都应该有这样的心态——你已经从观众的角度考虑过并做过相应练习。同时，你要清楚，虽然自己可能不知道答案，但你知道如何寻找答案。

做真实的自己

重要的是，你要知道自己是个什么样的汇报人，并发挥个人优势。我在18岁时曾接受过做汇报的相关培训，培训老师之前是一名警察，每次我磕巴或者挥舞手臂，老师就会吹哨提醒。我是个富有表现力的人，这个哨音可以说妨碍了我数年！

- 如果你声音轻柔，就通过讲故事提升影响力，让观众倾听。
- 如果你说话没有起伏，讲到标题的时候需要刻意强调一下。
- 如果你汇报时肢体语言很多，要注意不能乱用。
- 如果你汇报时没有肢体语言，确保自己的声音能让大家持续集中注意力。
- 如果你嗓音低沉，句子末尾要有强调。
- 如果你喜欢挥舞手臂，要合理运用，不能像旋转木马似的。

最重要的是，要有自己的特点。即使有脚本和幻灯片，也要在汇报中融入个人元素，这是属于你的，你一个人的汇报。

小试牛刀

汇报开始的第一分钟很重要，完美欲此时也开始作祟。观众或客户会在此时无意识地做一些决定，你的身体会根据心态决定战斗或逃跑。试试下面这个小诀窍：

汇报开始之前，关掉幻灯片，放下笔记，合上笔记本电脑。接受自己的弱点，走到讲台前（不管是线上会议还是线下会议）。看着观众的眼睛，站好，然后深呼吸一两次，微笑，暂停，然后让会议室安静下来。简单做个自我介绍，和观众打个招呼。开始汇报。

锦囊妙计

应对“怯场”的5个方法

尽管你有计划，也渴望建立连接，但有时内心批评的声音可以牢牢地束缚住想象力。紧张有时候也是好事，因为紧张可以让你提高警惕、提升表现、刺激肾上腺素。但如果紧张情绪失控，以下5个经过测试和检验的方法可以帮你调整思维模式：

1.视角。不要紧盯着眼前的汇报，格局更大一些，想想其他对你非常重要的东西。例如，和家人或爱人的合照、一次嘉奖、一个可以把你和你热爱的事情联系起来的东西。

2.呼吸。打哈欠或唱歌效果更好（听起来或许是有点奇怪，但有效果！）。要用胸腔呼吸，这样，紧张的情绪就不会快速蔓延。

3.走出聚光灯。汇报开始时，先和观众互动，让汇报不只是你一个人的事。问个问题，让大家举手，发点材料，让大家写点东西，等等。只要你能和观众产生连接并带动他们和你一起，自然就不会害怕了。

4.看见未来。想想人们在汇报后会给出哪些积极的反馈。尽可能生动些，人们都会用哪些词来形容这次汇报？人们会对哪件事情比较有兴趣？为什么人们觉得这有用？你的汇报有激情吗？

5.练习。多练习，抓住每次汇报的机会。如果你只是在脑子里想，汇报永远也做不好。必须要行动，把自己的汇报用视频记录下来。请一位值得信赖的同事，让他提出反馈建议。

最后一点很适合作为本章的结尾。信心来自经验，经验始于尝试——如果事情没有按预期发展，千万不要自责。从每次经历中学习，并再次尝试。

让汇报鼓舞观众的10条建议

❶ 把兴趣放在别人身上。别人作何反应，有何感触。对别人要比对自己更有兴趣，把你的关注点转移到观众身上。

❷ 讲个故事。故事能让汇报更生动。

❸ 准备。本章的6个问题会告诉你如何准备，如何管理期望，以及之后如何跟进。

❹ 做好开场和收尾。一般来说，观众会记住你说的第一件事和最后一件事。抓住观众的注意力，排除一切干扰，表现出众。

❺ 将你的汇报核心归纳为3点。这条原则或许听起来有点老套，但它经受住了时间考验，并且真实有效。

❻ 别让汇报太枯燥，别让汇报太复杂。

❼ 信念就是说服力。你讲故事时的激情对观众极富吸引力。

⑧ 把握时间很重要。永远不要超时，要在预定时间内完成汇报。清楚汇报时间随时可能会缩短，要确保自己能把关键信息在30秒内阐述完整，3个标题能在5分钟内汇报完毕。

⑨ 不要受观众行为的影响。如果观众打哈欠、离开、看起来很无聊，那就继续关注对汇报还感兴趣的人。

⑩ 享受汇报的过程！

● ○ ● 第14章
如何用诚信来扩大领导者影响力

有影响力、诚信行事的领导者会认识到，只有通过他人，借助与他人合作才能取得成功，得到理想结果。以下三种方法可以帮助领导者取得成功并扩大影响力：

1.确保大家在会议上听到你的声音，提高参与度。

2.走出孤岛，积极提升公司关系网质量，扩大关系网范围。

3.让上层愿意将你的想法付诸行动，劝说要有智慧。

问题何在

问题很简单：作为领导者，难免会产生影响力，并可以选择如何行使这种权力。“影响力”的定义是“某人对别人的行为、行动、想法施加外加力和效用的能力”，这就是领导者的责任！本质上讲，你做与不做、说与不说、是与不是，都会产生或好或坏的影响。

领导者会投下影子。这是个简单概念：你的团队就像你手里的一张地图，你的影子会投射到地图上，也就是反映到下属身上。例如，你出席会议可能会对大家产生积极或消极影响。你到场的风格、你的发言内容和说话方式、你展现的态度都很有分量。你越知道自己能做什么，越了解自己能对别人带来何种影响，你的影响力就越大。

但这可不只是行使权力这么简单。从经验判断，影响别人的能力几乎等同于控制别人。也就是说，如果你处于领导者位置，要胁迫或是诱使别人做些什么并不难。然而，虽然有很多资料文献都在讲不良领导力的危害，但是我遇到的多数领导者都想产生积极影响，让大家因为积极因素而注意到自己，并赢得追随者的信任。

因此，影响别人并不是说要让别人总是赞同你的观点——或许你可以通过影响对方然后与其合作，并且要认识到对方不会总是赞同你的观点这一事实。这不是要让你不计一切代价取胜，也不是要我行我素。这也不是要让你强迫别人改变——事实上你不能改变任何人。扩大影响力在于：

- 出席会议，提升参与度。
- 行事方式要能鼓励别人改变。
- 走出孤岛，在公司内拓展关系网。
- 发展双赢关系，多多包容。
- 让大家愿意为你的想法付出行动。
- 以退为进，留出时间反思你对下属产生的影响。

运筹帷幄：到场+积极主动+学会劝说

这三条建议会以下列方式来帮你扩大影响力：

到场：大家会更经常看到你，这是通过吸引注意而产生影响，在会议上尤是如此。

积极主动：通过寻找利益相关者来扩大影响力，积极提升人际交往技能。

学会劝说：清楚如何宣传个人想法，让大家愿意为你的想法付出行动。

大家希望你出现在会议上：会议上的影响力

在会议上，大家最有可能感受到、注意到你的影响力。这不单是因为在会议上你可以公开展示个人想法、决策技巧、团队关系，同时会议也是你花时间最多的地方。研究表明，多数领导者每周开会的时间长达23小时，但根据我个人经验，大多领导者实际开会时间远不止23小时。许多领导者一天的会议时长（线上和线下）就可以超过10小时。日程这么紧张，所以也难怪参加会议的呼声在逐渐减弱。

我们可以用三种方式来定义会议上的角色——被动、主导、参与其中，如何选择应依情况、时间、自信程度而定。例如，如果你参加会议是为了默默支持某位队员，或许你可以选择被动一些。如果你已经开了一天的会，时间很晚，你也很疲倦，大家七嘴八舌却得不出个结果，那么这时或许你可以主导会议，快速决策。如果会议上你职位最高，大家就会希望从你那儿得到答案，而自己选择被动。相反，如果你只是一位小领导，或许你会因为担心出错而缄口不言。

但如果你希望对团队产生积极影响，就要具备主动选择参与状态的能力，因为这时影响力的魔力就会显现。帕西·罗登堡（Patsy Rodenburg）认为："只有全身心投入，我们才能拿出最佳表现，给别人留下深刻印象。"

扩大影响力的三个齿轮

请把上文中参与会议的三种方式想象为三个齿轮——这是一个可设计、可调整的机制，以产生不同功效。尽管“参与其中”的状态益处最多，但“被动”（支持别人）和“主导”（引导会议进入决策阶段）两种状态也有不少好处。这意味着，你可以在齿轮之间切换，但重点是要确保你切换的动机是正向的。

以下是不同齿轮带给你的不同体验。

被动出席

图14-1是影响力的“被动”齿轮。

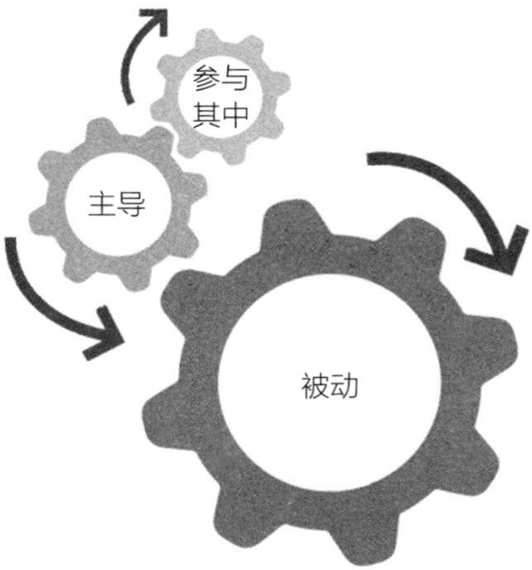

图14-1 影响力的“被动”齿轮

- 十分担忧，一直在想办法插话，但却全程保持安静。
- 出席会议但默不作声。

- 会议上几乎没开过口。
- 脱离讨论，未参与其中。
- 在会议上扮演旁观者。
- 愿意让别人发光。
- 对主导会议的声音感到沮丧，你认为应该话不多，但句句掷地有声。
- 人们都忘了你还参加了这次会议。

主导会议

图14–2是影响力的“主导”齿轮。

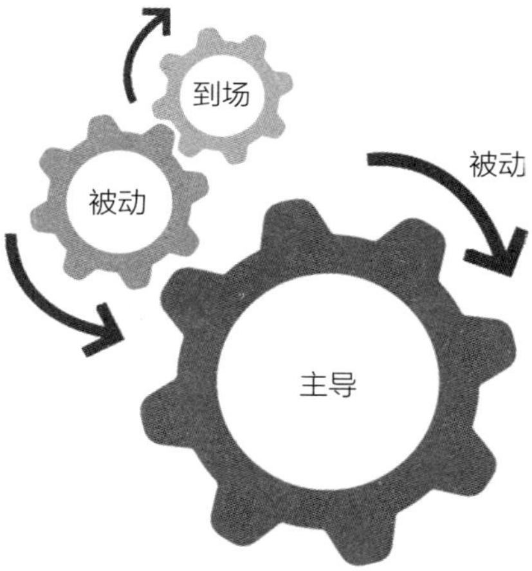

图14–2 影响力的“主导”齿轮

- 你对大家不能迅速完成决策感到失望。
- 你带领大家走向决策阶段。
- 你多次打断别人。

- 你对别人的“连篇废话”很不耐烦。
- 你为会议注入活力。
- 你开始掌控讨论（有时候早早就开始掌控）。
- 你忽略其余人的观点。

参与到会议中

图14-3是影响力的“参与其中”齿轮。

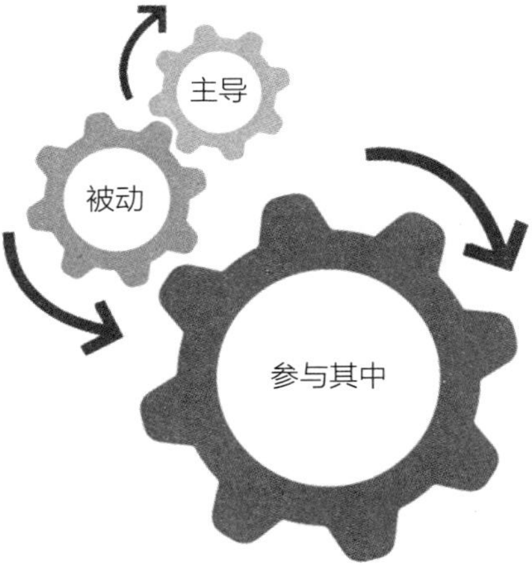

图14-3　影响力的“参与其中”齿轮

- 你专心致志，准备充分。
- 你可以说出其余人的名字。
- 你说话时大家会注意听。
- 你会提出很多问题。
- 你会把“话筒”传给每个人，让人人都参与其中。
- 你会关注大家的细节——情绪、肢体语言、话语。

- 你对某个观点会很好奇，但并非评判。
- 你要认可别人的感受。

反思时间

回顾一下你本周参加的会议。各场会议你都是以哪种状态参与的呢？为什么？是谁或什么因素使你切换到了无用的齿轮上？

以下10种行为可以帮你进一步思考，请为你在会议中的表现打分，每一项代表1分，10分为满分。

❶ 我会积极影响大家，达成共识。

❷ 我在会议上会引导大家听从我的建议，但也不会否定别人的贡献。

❸ 我在会议上很自信，能保证大家听到我的声音。

❹ 我倾听的时间与发声的时间差不多相等。

❺ 会议中，我会通过提问来激发兴趣、获取信息、鼓励参与。

❻ 人们会说我擅长倾听。

❼ 在面临压力时我不会失态。

❽ 我会鼓励大家看到自己所做贡献的价值。

❾ 我会欢迎各种观点和建议。

❿ 我会鼓励不同观点，希望人人都能贡献，以推进讨论。

锦囊妙计

参与其中的10个步骤——让大家听到你的声音

我指导过的许多领导者都曾表示无法在会议上让自己的声音被大家听到。你越泄气，你在会议上就越有可能走向被动或主导两个极端。

因此，在你反思以上问题的答案时，以下有10个切实可行的方法，可以让大家听到你的声音，扩大你的积极影响：

1. 陈述你的观点

用“我”开头的话语，与陈述事实相区别，强调这是你自己的观点。例如，“在我看来，问题出在……”“我的经验是……”。

2. 同意别人的观点与建议

如果你对某个观点或建议表示支持，应该把“我赞同”说出来，而不只是默不作声或点点头，这对大家会有很大帮助。有用的建议会得到认真考虑，而不会被忽略掉。

3. 反对，提出疑问

表明个人立场也很重要，包括你反对或存在疑问时。但是，这些行为都会延缓会议的进程，我们有责任确保会议正常进行。这意味着你需要有一定建设性：

“我在……方面有疑问……怎么样？”

“我同意你的大方向。但是，这部分可能有点问题……”

对你的疑问进行解释：

“我的看法不太一样……”“我的经验和这一点有出入……”

4. 提出建议

建议是行动的宣言。如果人们将其视为建议，那么就更有可能做出积极回应。试着提建议时用这些话来开头：

“我的经验是……”

“……怎么样？”

“我们可不可以……”

“我建议/提议……”

5. 请求进一步说明

在回应对方观点时，要先弄明白对方的意思，不要放低姿态：

“可能只有我没听懂，我不明白……”

自信一点：

“你说到的项目，指的是‘A’还是‘B’呢？”

“你听听我理解的对吗？你想……”

“你是什么意思呢？”

6. 打断

别人提意见时，不要打断。为防止别人插嘴，你可以：

“先让我说完……”

“我想先说完这部分……”

“我说完后再请你发言……”

7. 邀请大家参与。

人们并不总是愿意说出自己的看法与观点。可以提出以下问题鼓励他们：

“你觉得我的建议如何？”

“你对……有什么看法？”

“对……事情，你怎么看？”

8. 创造双赢氛围：从不能到能

对于一部分人而言，把“不能”变成“能”会很有帮助。告诉人们你们能做些什么，而不是一直给对方讲不能做什么：

“如果我能得到相应帮助，我就能做到。”

“我可以帮你做这件事。但是还需要再商量一下时间问题。”

“我很想帮你做这个项目，我一周能腾出一天时间。”

9. 高举双赢大旗

“我们能找到一个对双方都有利的办法吗？”

“我们应该达成一个让双方都满意的共识。”

10. 从话语和外表都要发出积极信号！

声音要平稳，有把控。

手势打开。

面部表情应体现关心、思考、乐意，不应该体现怀疑态度。

积极主动：利益相关群体的广度和深度

扩大影响力的下一步应该是查看自己与利益相关者的关系。你可能会困在某一种角色中，例如成为一位出色的经理，从而陷入“能力陷阱”（见第1章）。领导者的任务是走出孤岛，扩展个人关系网，深化与重要人物的关系。这样一来，你便可以更有效地解决系统的问题，同时将加强团队与公司的联系。

锦囊妙计

影响力图表

我曾在第1章讲过建立关系网。影响力图表简单有效，是一个实践这一想法、拓展关键关系广度与深度的好方法。它会帮你关注到双方的共同利益，让你一点一点往前走。迈出的每一小步都很重要——没有什么能够一下子被彻底改变，这样的事不会发生。

把自己的关键关系用一张简单的蛛网图（见图14-4）表示出来。你自己在最中央，把每位利益相关者（或是公司、机构、组织）放在周围的方块里。本图中至多有10人。

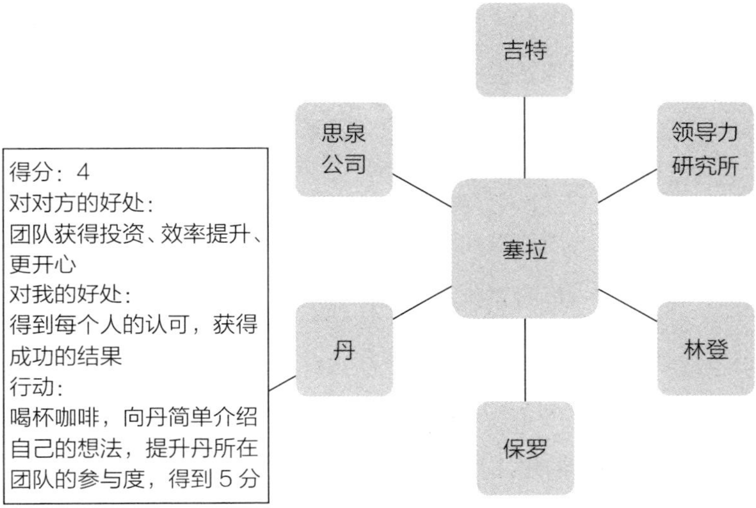

图14-4　影响力图表

分别针对每个人回答下列四个问题：

❶ 对当前关系评分，满分10分（没错，这很主观，但没关系）。

❷ 发展这段关系对对方有什么好处？

❸ 发展这段关系对我有什么好处？

❹ 下一步呢？有什么简单的方法可以提升关系评分？

以塞拉的影响力图表为例。塞拉是进修与培训发展部门的主管，她在该部门已经工作六个月了。她的老板是首席人力资源官吉特；林登是她的副手；保罗和丹是她希望也需要拉近关系的两个人。塞拉最近也联系了领导力研究所，希望能够获得他们的内部项目；此外，思泉公司是她主要的外部培训供应商。

塞拉首先选择了商业主管丹。两人近期一起做了几个项目，但尚未完全建立起互信的商业伙伴关系，塞拉为双方的关系打了4分。塞拉清楚，丹开放，善于表达，对团队呵护有加。她还知道，丹在之前的内部培训项目中参与度不高，塞拉希望能与丹一起共同创造出与他的团队相关且卓有成效的结果。她还希望丹可以支持进修与培训发展部门的工作，并与他培养双赢关系。为了让关系评分升至5分，塞拉决定邀请丹喝杯咖啡，让丹的团队简单了解一下自己的想法。

给予与索取

影响力图表的核心在于给予与索取这个概念。要建立良好的工作关系和互惠关系，需要双方互相信任且具备正向意图，双方为了互惠互利而交流是成功的核心所在。该概念在改变人们行为和促进合作方面得到了广泛验证，如果以诚信为前提，就可以发挥很好的作用。先谈给予。我建议不要一开始就想着你能从这段关系中得到什么，你应该先想想你能为对方的工作方式带来哪些价值。这是因为，如果你的利益相关者认为这段关系仅仅是为了你从中索取，那么对方就会悄悄地中止这段合作。

亚当·格兰特（Adam Grant）在其所著的《给予与索取》（*Give and Take*）一书中强调，给予者不计个人得失，不顾是否被人利用，会收获大量朋友与盟友，赢得佳话好名，这有利于给予者发展长期优势；而索取者哪怕是在短期得到“给予者”这样的好名声，最终也只会因为自私而毁掉自己的名声、破坏已有的关系网。正如格兰特所说：“我发现成功的给予者最神奇的地方在于，自己登顶的同时不会把别人拉下马，而是会想各种办法做大蛋糕，让自己和周围人一同受益。”

小试牛刀

画出你的影响力图表，确认以下要素：

- 现有的主要利益相关者
- 潜在/理想主要利益相关者
- 外部联系

针对三个群体分别打分，寻找共同利益并计划后续行动。然后，行动起来！影响力图表是一种动态工具，所以确保自己每月回顾一次，调整分数并规划新行动，记录下你取得的进展和每段关系的发展。

学会劝说：影响上层，付诸行动

许多领导者在影响别人时不愿意学着劝说。以我的经验来看，这个问题在影响上层时会更尖锐。通常，由于你地位较低，自信会有所减弱，劝说的本质与操控非常接近，因此你会放弃劝说。但其实两者并不相同，操控缺乏信任，而我相信你一定是一位诚信行事、有责任感的领导者。

很多董事会和执行委员会都会对无法（或不情愿）说服大家行动的领导者失望透顶。他们迫切地希望这些领导者有所行动，“快向我们推销！”“快说服我们！”“我们为什么要这样做呢？提出你的建议！”

以下有6个能将好主意付诸实践的方法：

1.做好准备

如何准备与上层的会议至关重要。多数人只顾为任务和会议做准备，却无暇顾及参与会议的人。弄明白谁会参加会议以及这些人想从会议中得到什么。如果你的计划需要支持，找到有可能帮助你的利益相关者，在会前与他们交流。

2.学会劝说

对方不一定买账，但你一定要宣传！许多领导者忘记自己必须要劝说别人相信自己的想法，这无外乎是利益推销。对方买账会有什么好处？要与公司的总体需求有关，不能仅仅局限于自己的部门，也不要认为与会者会自动把你所在部门的利益与公司利益联系起来。换句话说，“倡导的艺术在于引导你根据自己的条件得出我的结论”。

3.简明扼要

学会把自己长篇大论般的幻灯片浓缩在五分钟以内。这些人到底在意什么？就从这儿开始。此外，不要认为上层就一定能理解你的观点。将复杂观点转化为简单行动，这会起到巨大的积极作用。

4.注重实际

为自己的想法做一个成本效益分析。马歇尔·戈德史密斯（Marshall Goldsmith）认为，任何公司的资源、时间、精力均有限。接受你的观点就意味着可能会否决其他人眼中的好点子。做好切实准备，共同探讨付诸你的想法需要多少成本。要执行你的想法，也要做出牺牲，这也是一个需要承认的事实。

5.平起平坐

当你遇到自己尊敬或权位高于自己的人，你的行为很可能会有改变。如果你打算影响上层，你就要认为你们双方是平起平坐的——这种情况很普遍。真正有影响力的人不会在人们面前摆出一副高人一等的样子，也不会奉承或仰视别人。你要认识到你们双方各有所长，没有谁比谁更胜一筹。

6.自信

你的建议是什么？尽管你的汇报中会提供多种选择，但你要对自己的建议有信心，同时也要给出自己的理由。做出判断，坚持自己的想法，展现自信！

结语：做一名正面楷模

本章，我曾强调过，领导者会有影响力，人们会通过你的行为、语言、态度来了解你。这些会迅速蔓延！你的情绪会呈野火燎原之势影响他人，你的话语会被别人仔细琢磨，你的表现也会被别人复制。因此，这里还有另外一个建议，从每天赶到公司开始，便发挥起带头作用，做正面楷模。我希望你能正确履行这份职责，成为值得下属追随的领导者。

本章末尾会提供一个方法，帮助你每天早上有意识、有目的地快速进入恰当情绪。每天用两分钟的时间来进行日常反思，重新审视自己的选择，更新领导力优势。初学者可以试着问自己以下四个问题：

❶ 我感觉如何？

❷ 我想要什么样的感觉？

❸ 要实现这种感觉，我需要怎么做、怎么思考、怎么感受、怎么倾听？

❹ 我今天的目的是什么？

扩大个人影响力的10条建议

❶ 做一个可靠、可信、有目标的人。积极影响是通过你每天

做的各种选择而产生的。每天都通过反思来重新审视和调整自己的选择。

❷ 如果缺乏信任，你很难影响别人。建立信任的一个简易方法就是少说多听。

❸ 展现积极态度。没人不允许你消极，但如果你能在面临压力时仍然展现冷静与坚韧，那么团队也会和你有一样的表现。

❹ 影响上层的一个好方法：时刻记得自己想给公司带来积极的改变。将自己的观点与公司全局联系起来。

❺ 通过“影响力图表”迈出的一小步会对扩展关系网产生巨大影响。

❻ 越多人可以通过你的观点受益，你的影响力就越大。

❼ 影响不是操控。区别很简单，操控不包含信任。

❽ 用诚实来赢得信任。所做的决策是为了公司整体更好，该表扬时就表扬。

❾ 多给予，少索取。建立一个由值得信赖的同事构成的关系网，扩大个人影响力。

❿ 积极参与，确保大家可以听到你的声音。既不要被动，也不要强势主导，积极倾听、询问、反思、建议。

第五部分

接下来该怎么做

第15章

通过发展规划寻找你的继任者

能力的提升不仅仅是用表现和潜力来证明自己。优秀的领导者具备放手的能力，会在团队中培养自己的接班人，帮助队员在公司获得发展。本章会借助发展培训计划来培养你的队员，让你能腾出手来进军职业生涯的下一站。

问题何在

你会如何回答下面这个问题？

你是否（哪怕是在心里也行）相中过一两位可能的接班人？

这是罗伯特·卡普兰（Robert Kaplan）对领导者提出的一个关键问题，一针见血地指向了继任问题的实质。出人意料的是，很少有领导者可以对上述问题给予肯定回答，或许这些领导者都低估了因缺乏继任计划或团队发展计划而产生的一系列问题。产生的问题可以用一个词来概述——“停滞不前”。

- 没有接任者，你无法升职。
- 哪怕你是新晋的领导者，如果缺乏继任计划，你便无法正常地大范围地分派工作，这也会扼杀自己战略行动的能力。
- 由于缺乏继任计划，团队无法意识到自己的潜力，同样也会停滞不前，留在原地。我在指导过程中谈到职业生涯规划时，低级别的领导者往往会觉得自己的职业生涯被高层领导限制，因为后者根本没有发展计划，整个团队漫无目的、缺乏自信。
- 任何人都可能离开公司，但这也意味着人才的流失和内在能力的下降。

为什么继任计划会如此匮乏？在我看来，最常见的原因如下：

1.“我才刚升到这个位置！”你刚刚因为出色的专业能力晋升到现在的领导岗位，但现在已经是时候放下专业知识了，紧要的是在团队中培养批判性思维和领导力——哪怕队员都是以前的同事也要这么做。这绝非易事！你在努力走上自己期盼的领导位置后，刚刚落脚的你信心或许还不太足，这时候马上转过头来培养别人好像是有点不正常。可是，这恰好就是你应该做的。

2.“意识到自己可替代很让人受伤。”诚然，有些现实确实让人很难接受，比如地球离了自己还照转不误，自己的工作并非不可替代。如果其他人比你更优秀呢？如果一直不考虑继任计划，你的自尊确实不会受到伤害。

3.“我抽空看看吧。”团队目前已经设置了很多个人发展计划和目标。这些已经足够满足目前需要。

4.“没有合适的继任者人选，这件事有什么用呢？”你不知道为何要花时间做这件事，可能更倾向于从团队外部寻求解决。

5.“我自己都不知道下一步要做什么。”你自己都没有下一步的计划，根本不可能想着去培养其他人。

6.“我还不想退休呢！”一直以来，人们都认为只有公司的首席执行官才需要做继任规划，公司的其他领导者根本不需要为这件事费心费神。其实，无论你身居何位，都需要继任计划，这可以帮公司寻找并培养未来的领导者。寻找的继任者并不一定要接你的班，但你绝对有责任培养有韧性、有能力的人才，这些人可以胜任公司的多种不同职位。

7.“我不知道怎么做这件事。”最后一点很简单，本章会教你具体操作。这一切都在于你对发展抱何态度，我们首先会对这一问题进行探索，然后把目光转向团队。

反思时间

你是起阻碍作用还是起促进作用

良好的继任计划要建立在坚实的基础上，这基础要从你开始。一个理论计划在纸面上规划得再宏伟都没有多少实际意义，因为团队会发现在实践中自己取得的进展并不像在纸面上描述的那样得到重视。请阅读上述内容并结合个人情况，反思下列问题：

❶ 我对继任是什么态度？这对我的团队有什么影响？

❷ 在哪些情况下，我会阻碍团队的发展进步？

❸ 我能做什么来释放团队潜力并鼓励团队？

❹ 在哪些情况下，我会促进团队的发展进步？

❺ 我应如何加强这一板块，确保继任计划发挥更大的作用？

❻ 下一步应该做什么？

锦囊妙计

制订六步走发展计划

人力资源团队很有可能已经为公司设置了继任计划，进行人才匹配，关注未来领导者的表现和潜力。但你依然不能高枕无忧！本章，我们将共同探索的是如何通过发展计划来发挥团队其他人的潜力，你也可以因此借机会更上一步。

首先，我要强调一点，制订发展计划不只是找一两个人现在或以后接替你的工作这么简单。这只是其中很小的一部分。此外，理想的继任计划还要能培养大量灵活的领导人才，这些人可以担任起公司所需的各种角色，甚至走上自己专业知识以外的岗位。这些人能在公司迎来变革时取得成长和发展，对公司意义极为重大。米查·福布斯（Miecha Forbes）在其著作《今日人事》（*Personnel Today*）中称其为“刻意路径规划”，也就是指让你的团队为多个潜在职位做好准备。

将发展规划视作对团队学习精神的建立和传承。你离开团队后，如果队员们只对你的管理有一些模糊记忆，这肯定不是你想要的。你希望让队员们记住你的引导、循循善诱、激励、培养、支持，这是你作为领导者留给团队的礼物。所以，不要一说到留给团队点什么就想到自己要退休了，总是在心里想“救命啊，大家会因为什么记住我呢？”，要扭转这种思维，领导者留给团队的应该是在整个团队中建立并传承不断的学习精神，而不是简单汇总自己具备的知识和经验，这是一项需要持续进行的事业。

图15-1是一个简单矩阵图，可以帮你制订发展计划。但在此之前，请先完成一些基本的任务。

第一步：重置

设置期望是领导力的基础。想象一下，你刚刚接手一支新团队，队员们经历了不同领导者，在几年时间里形成了自己的行为习惯，而现在你想要建立起自己的风格。那么第一件事就是要重置期望，明确什么事情是好的，同时设置团队行为的边界。

小试牛刀

这一步需与团队一同完成：

团队的目标是……

团队通过……增加自身的价值。

通过……队内互相信任、互相尊重。

好的方面都有……

第二步：定义

图15–1是发展计划矩阵。

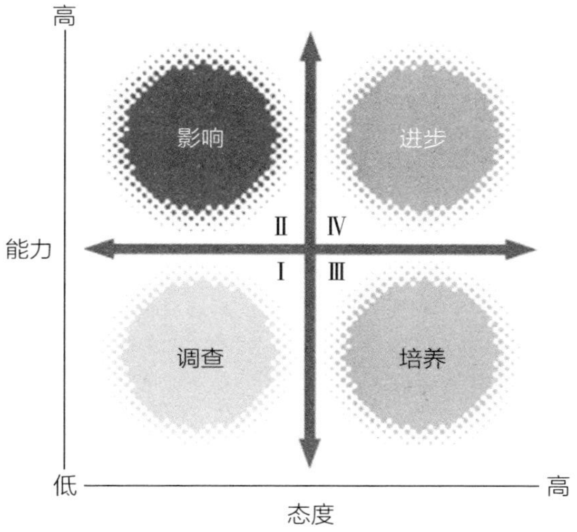

图15–1　发展计划矩阵

你如何评估一个人的能力能否继续提升？许多人的做法都很主观。通常情况下都是，你的队员已经工作多年，表现不错，同时还参加了许多课程和在职培训。队员们在公司很受尊敬，似乎做好了各种的准备。

我建议，在此处需要添加一个更客观透明的方法来评估“软”实力和“硬”实力。硬实力（能力轴）是功能性的，取决于公司及部门需要。软实力（态度轴）很难确切指明，但我可以就此提供一些思路。

能力

首先，我们来给能力轴下个定义。在过去10年，我曾领导多个研究项目，旨在定义卓越领导力需要具备的各种技能，我将其精简为如下的20项：

领导技能评估

展示洞察力

自我意识：对个人情绪、优缺点有清晰现实的认识。

自信：要以诚恳、开放的方式沟通，可以坦然面对自己的局限性和犯的错误。

正直：价值观有深度，能得到人们的认同和信任。

学习：担负起满足发展需求的责任，定期学习。

培养韧性

乐观：乐观向上，有继续前行的精神力量，即使面对挫折时也是如此。

自我管理：清楚自己的触发点，能够控制情绪，抑制冲动。

观点：提供个人观点，面对危机仍旧能保持冷静。

精力：照顾好自己，多锻炼，合理管控压力。

续表

鼓舞别人 清晰：沟通要清晰，要化繁为简。 激情：对公司和业务有真真切切的热情。 包容：独立、诚恳地表达个人观点，促进合作，倾听别人的想法，接受不同观点。 信任：构建互信开放的氛围，大家敢于真实地阐述自己的想法和感触，不会因此担心遭到批评和评判。 推进行动 成功者：做事有动力，不知疲倦地追求进步。 专注：与团队一同商量优先事项，将活力与资源向这些事项倾斜。 节奏：为公司发展提供速度、动力和行动力。 不确定性：能够应对不确定性，面对模棱两可的复杂数据可以做出决策。 赋予团队自主权 指导：制订发展计划并给予指导，帮助大家在工作中成长。 放权：让别人走上舞台发出光芒，允许他人有工作的自主权，接受他人有犯错的时候。

续表

反馈：必要时做出艰难决定，绝不允许对困难情况置之不理。 同情：真正关心他人，对他人关怀并具有同情心。

小试牛刀

先别急着跟团队分享。我建议，你应该先从自身开始探索。查看上述20项，给自己逐项打分（1—4分）：

1分 你很少有这种行为，但认为这是发展需求。

2分 有时候能做到，但坚持不下来。

3分 你一直这样做，且做得还不错。

4分 这是你的一大优势，在这方面大家都以你为楷模。

分数解释：

20—39分段

仍需努力提升领导技能。好在，分数不是一成不变的，你可以通过学习提升分数。在工作中、生活中多运用这些技能，你会为身边的人带来真正的价值。你可以的！现在就开始吧！

40—59分段

你是一位不错的领导者，但还有机会做到更好。你已经为有效领导打下了基础，并有机会打磨领导技能，成为最好的自己。找到自己丢分的部分，思考如何改进。

60—80分段

完美！你正在成为一名优秀的领导者。但是，领导力的学习和提升空间总还是有的，因为没有人会对丰富自己的经验产生排斥。因此，找到自己没有得到满分的地方，继续提升自己吧。

以下问题可以帮助你进一步思考：

❶ 你的优势何在？

❷ 你的劣势何在？

❸ 如果让你给自己需要提升的地方定一个优先顺序，你会如何排序？

❹ 你会采取哪些简单的方法来加强自己的领导技能？

你在自己熟悉这些技能的同时，也可以开始评估团队的相关能力。通过互相沟通，这可以更好地实现，以上四个问题同样可以对你的指导对话起到引导作用。

态度

经过上一部分，你可以更加客观地面对矩阵中的“能力轴”。现在，我们把目光转向“态度轴”。评估“态度”是一件很主观的事。你要关注的是积极性、思维模式以及发展的意愿。以下是评判队员态度的具体方法：

- 使用的语言。语言可以有力地体现态度。听听队员如何谈论自己的工作角色。他们会说“不得不”“必须要”这种话吗？还是说会选择“喜欢”“想”这样的字眼？这会释放出一种信号，表明队员究竟是内在驱动型还是外在驱动型？（更多相关内容见第5章）
- 队员选择的任务是否会超越自身工作职能的范围。
- 队员对别人提供的帮助。
- 有需要的时候愿意再向前一步，有奉献精神。
- 犯错时队员的反应，例如，从失败中学习，拥有成长型的思维模式。

第三步：理解

第Ⅰ象限：调查

能力不足、态度差劲

每次领导者在画发展计划矩阵时，我都在担心处于该象限的人会被放弃，理由就是“招的人不合适”。我会先问：“你在吸纳这个人进入团队时他就是这种状态吗？”这不可能，那到底是什么原因变成这样的呢？你的第一阶段应该是去调查。是什么让这个人处于这一象限的？借助第四步的指导问题，为他寻找解决办法。先理解，再决策。

第Ⅱ象限：影响

能力突出、态度差劲

我曾在欧洲最大的销售培训公司担任培训总监，每个月带50名应届生，帮助这些孩子适应销售岗位。当时，每个月都会有一两名应届生需要我与其谈话，我将其称为“影响力聊天”。这些需要我约谈的应届生都很聪明，能力也强，都有希望在未来成为公司的金牌销售。但是态度影响了这些人的能力——迟到、对学习缺乏兴趣，还总是拉着别人和自己一起这样。“影响力聊天”总会遵循一个非常简单的公式，具体如下：

你能力很强，能力就是力量。

你有选择。

你可以选择对别人施加消极影响或积极影响。

如果你选择前者，哪方面会对别人产生消极影响。

为什么？

什么会促使你选择对别人产生积极影响？

如果选择这条路……你有可能会相当出众。

如果人们在职业生涯早期就能认识到自己的影响力，然后选择正确利用自己的影响力，就太完美了。

队员们停留在第Ⅱ象限有很多原因。或许队员想得到你的位置？或者是想要换个领导者？又或许不喜欢这家公司或所在部门了？或者就是单纯无聊？

那么你的第一阶段就应是调查，之后是影响。除了我下面提供的指导问题，你还需要给予第Ⅱ象限的人有力的反馈。如果他们的消极已经影响到了团队，这些人就会成为一股破坏的力量。

第Ⅲ象限：培养

能力不足、态度端正

通常，处于第Ⅲ象限的人应该是刚刚来到新岗位，目前在工作中表现不佳，但态度端正，端正的态度对于未来的潜力是无价的。

此处，你的第一步是培养。训练能力，培养态度。

第Ⅳ象限：进步

能力突出、态度端正

处于第Ⅳ象限的人们已经准备好取得进步，这也是你的职责所在。当一个人经过你的培养，其表现和态度都处于巅峰状态时，就帮助他更进一步——引导、挑战、委派、鼓励等都可以帮助他们进步。最重要的是，不要成为他们进步路上的障碍！

小试牛刀

你的团队处于哪个象限？

- 把自己的团队放在这个矩阵里——你认为自己的团队处于哪个象限？
- 重点在于，你要和每位队员互相沟通，用下面的指导问题引导本次沟通。清楚自己的预期。

- 如果实际情况与你评估的不同，需要做好开展困难沟通的准备。为这次沟通搭好框架（具体操作方法见第10章）。
- 全队协同制订发展计划。从回答第四步的问题开始制订计划。

第四步：发展

以下是帮你制订发展计划的各种指导问题：

第Ⅰ象限：调查

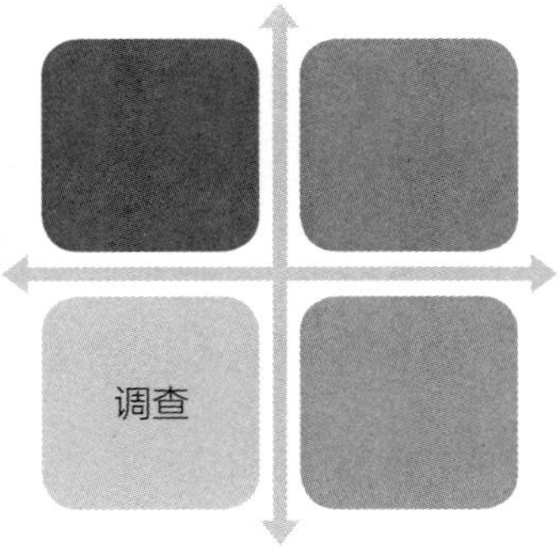

指导问题：

❶ 为什么会在这个象限？

❷ 职业生涯中发生了什么让你来到这个象限？

❸ 为什么你没了动力？

❹ 你现在想做的是什么？

❺ 你的转变需要哪些支持？

第Ⅱ象限：影响

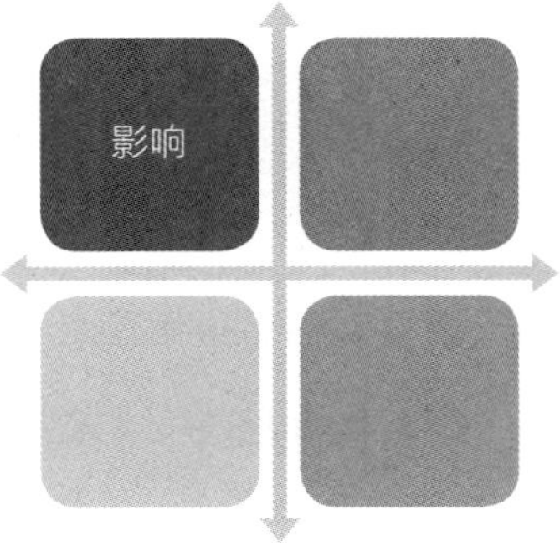

指导问题：

❶ 你想成为哪种影响者？

❷ 你对团队产生了何种影响？

❸ 你想对团队产生何种影响？

❹ 什么会让你有学习新东西的动力？

❺ 你希望对什么负责？

第Ⅲ象限：培养

指导问题：

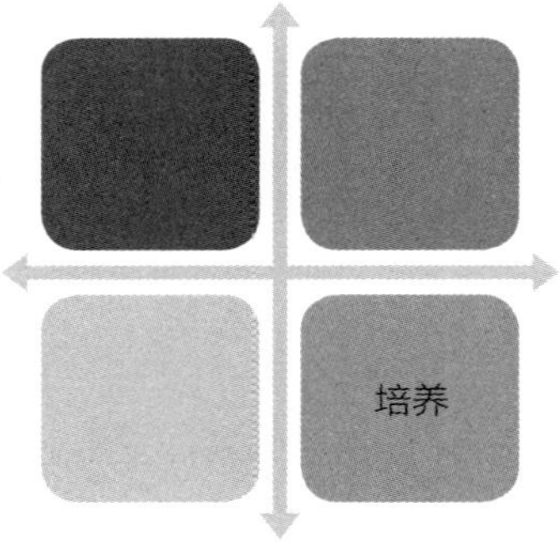

❶ 你需要什么训练来提升自己在该职位上的能力？

❷ 你如何能更好地学习？

❸ 你希望我怎么帮你？

❹ 你多久需要一次指导？

❺ 团队如何更好地支持你？

第Ⅳ象限：进步

指导问题：

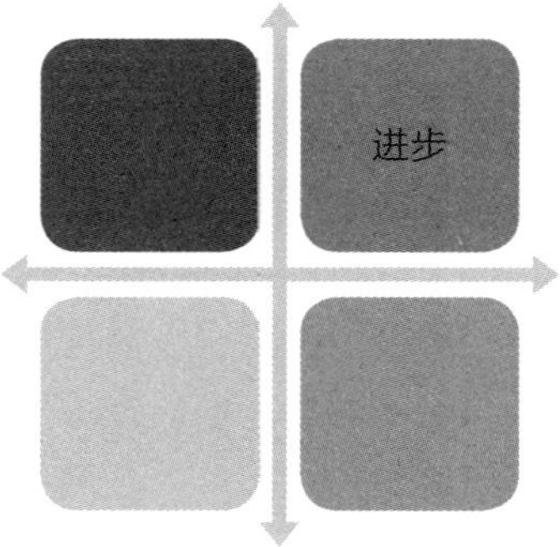

❶ 理想状态下，你下一步的目标是什么？

❷ 我应该怎么帮你实现下一步目标？

❸ 你对帮你的同事、导师、教练有什么想法？

❹ 你以后希望做什么（这事对现在的你有一定挑战性）？

❺ 你要如何改变才能更好地应对新的挑战？

第五步：建立

指导只是你发展培训计划的一部分。如果你是在认真考虑继任问题，那么就有必要在团队内部建立学习的精神，让学习自然而然地成为团队日常事务的中心：

❶ 在会议上展现好奇心，允许用新的不同方法去完成相似的任务。

❷ 让队员每月选择新的学习主题，鼓励拓展思考。

❸ 实现自主学习。给予队员选择学习计划的自主权。

❹ 鼓励跨部门岗位互换，培养对公司认知的深度。

❺ 让学习不局限于工作职能之内。

❻ 确保资深队员得到公司高层领导的支持和指导。

❼ 以身作则坚持学习，给团队带来新思想。

会议上，提出更具广度和挑战性的问题。乔恩・哈格尔（Jon Hagel）认为，领导力的艺术全然在于提出更好的问题，然后给出建议。例如：

- 什么是颠覆性的机遇，能让我们创造出比过去更多价值？
- 我们客户有哪些需求尚未得到满足，可以为新业务的开展奠定基础？

第六步：放手！

我很希望你的团队舍不得你的离开！但是，我也确实希望团队已经做好你离开的准备。你已经培养出了一支自主学习团队，队员们因你的领导而受益，他们正在为迈向新的岗位继续向前。此外，你的接班人也做好了准备。

这时候，你就要准备好放手了。你又如何知道是时候该放手了呢？

你的工作几乎已经没有任何挑战（不要欺骗自己）。

你什么新东西也学不到了。

人们会询问你下一步的打算。

你的积极性和好奇心都在下降！

你已经开始浏览招聘网站，联系猎头。

部门内已经有人打算接你的班。

你没有放手是因为害怕。

以上迹象都表明，是时候鼓起勇气离开了。你对公司要起促进作用，而不是阻碍作用，队员们会十分珍惜你在团队内部培养起的学习精神。如果你对自己未来的目标尚存疑问，下一章会帮你思考幸福和生活的意义。

关于发展规划的10条建议

❶ 从走上领导岗位的第一天就开始做发展规划。

❷ 让发展规划的制定成为一个透明、相互的过程。与团队开

展沟通，弄清楚自己怎样才能更好地提供支持。

❸ 以身作则，培养团队内部的学习精神，提高洞察力。

❹ 在学习过程中赋予队员自主权，鼓励提升自学的广度和深度。

❺ 团队成员都需要量身定制的办法。在发展规划中不能一刀切，要提供及时帮助。

❻ 开始提出有价值的问题，鼓励大家在必要时主动寻求帮助。

❼ 让自己的才能从一块沙漠成为一片绿洲。继任规划很重要！

❽ 要让团队能自己想出解决办法，支持团队的努力。团队越闪耀，你也就越闪耀。

❾ 如果你和许多队员的沟通都有困难，这就是发展规划不到位的恶果，而且你的期望也并不清晰。

❿ 清楚自己放手的时机。做一位成全他人、让大家铭记的领导者！

● ○ ● 第16章

按下暂停键：关于幸福感与领导力的反思

你的幸福感很关键。科学研究表明高效的团队对领导的满足感很重要，同样重要的还有你对生活的反思以及如何分配自己的时间。幸福包括目标、参与、人、进步以及愉悦感，本章旨在讲述如何实现以上几种要素间的平衡并让幸福常驻。

问题何在

幸福感与领导力，这两个词之间存在一个有趣的难题，即人们很少同时提及这两个词，除非是在讨论哲学问题或自立自助时。倘若你拿起几本领导力方面的著作，简单浏览下目录，就会发现这些书中鲜少提及幸福这个话题。

我认为，原因有两条。第一，许多人认为幸福这个话题太飘忽不定，不如传统领导力的那些话题基础扎实，有据可查，比如战略和创新。领导者学习“战略型领导力”肯定不会招致嘲笑，但学习幸福可就不一定了。如果有人花了好几年时间攻读积极心理学硕士学位，我敢保证会有人怀疑——“幸福？就不能研究点其他有价值的吗？”“两年？给你几本书，一晚上就搞定了……”诸如此类。当然，这已经是十年前的事了。随着人们逐渐接受积极心理学这门科学，也的确出现了一些改观，但每当“幸福”这个字眼和“领导力”联系起来，总让人觉得有点不好把握。

确实有点奇怪。如果你随便问任何父母“对孩子有什么期望”，得到的第一个答案往往是“我只想让我的孩子活得开心。”所以，人们只觉得孩子们幸福是重要的，大人自己或者领导他人的时候，幸福并不重要。

第二个原因是，许多领导者认为学习幸福会有一种为自己谋私利的感觉，且感觉与自己的领导者角色无关。在领导者的整个职业生涯里，有一句话会反复出现——优秀的领导者会让大家发挥个人潜能，并通过仆人式领导为自己赢得追随者，而不是以幸福之名走自己的路。考虑到时间宝贵，你也不可能把时间花在寻找幸福上。因此，你会面临这样一个问题：

对于领导者而言，幸福真的重要吗？

答案是肯定的。但是，往往直到你失去幸福时你才能意识到幸福的重要性。或许你在职业生涯的某个阶段会感到漫无目的、失去平衡，或正在过渡，在那时，你会问自己——我幸福吗？其后才发现自己也没个确切答案。事实上，你甚至都不知道自己是否清楚幸福的含义。

我们先来谈幸福的含义吧。考虑到幸福这个概念在文化史和哲学史上各不相同，所以没有哪一个定义可以适用于任何时期和任何人。但是，索尼娅·柳博米尔斯基（Sonja Lyubomirsky）在《幸福有方法》（*The How of Happiness*）一书中提出，幸福是“体验快乐、满足、康乐，认为自己正在享受美好、富有意义、有价值的人生。”此外，积极心理学先驱马丁·塞里格曼（Martin Seligman）也提出了自己的看法，幸福的生活要有愉悦感、投入感，要有意义。

那么，幸福重要吗？大量科学研究表明，幸福、满足的人会拥有更强的免疫系统，更富创造力，更容易在经济上取得成功，更容易建立正向关系，更有韧性；积极领导力则与高效的团队紧密相关（更多信息详见第6章）。但幸福的核心其实是你如何评价自己的人生——积极的评价更值得你去关注。

反思时间

你有多幸福

幸福学研究方面的带头人埃德·迪纳（Ed Diener）在该领域的最大贡献就是提出了衡量幸福的方法，或者说是主观幸福感。迪纳认为，只有自己觉得幸福才是真幸福。或者说，是否幸福，自己就是最好的评判员。他提出了一些简单的问题，其中包括以下四个现在就可以回答的问题：

请按1—10分打分（1分：很低；10分：很高）：

1. 我对自己的幸福评分是……
2. 想想自己的人生，我对人生满意度的评分是……
3. 到目前为止，我已经做到一些我认为重要的事。
4. 如果我能重新活一次，我几乎不会改变任何东西。

迪纳面向全世界的研究表明，多数人是幸福的，少数受试者不幸福，一小部分人有些抑郁，同时也很少有人可以一直长时间沉浸在兴奋或极度幸福中。多数人都处于一般幸福状态（得分在6—7分）。在与米凯拉·陈（Michaela Chan）的对话中，迪纳表示，总的来说，人类往往都处于一般幸福中。

你在这些问题中为自己打的分数就是自己的幸福设定值，这是一个心理学术语，用以描述幸福等级。每个人的幸福等级会因为个人基因和周围环境而各有不同。某些科学家坚信，人生中会有许多情绪起伏，因此这些都只是暂时的。无论在生活中有什么遭遇，随着时间推移你的幸福还是会回到之前的设定值。还有一些科学家认为这个设定点是有一定弹性的。我一直认为，人生的技能、才能、特质都是可塑的，并非一成不变。因此，幸福能力并不是在一个固定点上，而是有一个活动区间，你可以改变并持续拓展这个区间。下一部分将主要阐述如何实现这一点。

运筹帷幄：重新平衡幸福

幸福不易把握，许多想当然提升幸福感的办法并不会有效。如果你通过增加收入、提高地位、改善物质条件来提升幸福感，其边际效益会呈递减趋势——我们会习惯拥有自己已有的东西，然后还想要更多（这就是所谓的享乐适应证）。你和别人去比较，自己的幸福感就会减少，比较是臭名昭著的“快乐杀手”，也总是带来不好的结果。人外有人，山外有山，总有人比你拥有得更多，更好，更快，更大（这就是所谓的社会比较理论）。

要探索幸福，需从五个因素做起：积极情绪、激情、人、目标、进步。人类不可能一直在这五个因素下同时获得幸福。因此，这一部分我们主要是去理解并重新平衡幸福。如果你能弄明白自己丢失幸福的缘由，那么你才有希望找回幸福。下面，请在指导问题的辅助下，阅读并思考这五个因素的意义，以评判目前你幸福的所在，并确定未来目标。

反思时间

幸福的五个因素

积极情绪

积极情绪会让人有愉悦感，这也是体验幸福最直接的方式。这种情绪不仅是短暂的喜悦（但这也有帮助），还包括对自己的过去持积极态度，至少要接受自己的过往，并对未来有所期许：

你多久能体验到一次肆无忌惮的快乐？

总的来说，你体验到的积极情绪，例如善意、包容、希望、感激、乐观，是否会多于消极情绪？

激情

激情，不外乎是全身心沉浸在某一个符合你优势的活动中，你会体验到一种“流畅”的状态。时光飞逝，你感觉处在巅峰，不希望被任何人打扰——你全神贯注，专心致志！

你最突出的才能是什么？你是如何利用/浪费自身才能的？

你上一次全神贯注投入某活动是什么时候？

你当时做了些什么？

人

如果两个人在相处时可以体验到深度理解、情感支持、互相尊重，那么就会感受到幸福。我们人类天生就需要爱慕、欣赏、关爱和联系。领导者通常会把自己积极的一面放在工作中，然后再拖着疲倦的身体回到家中。因此：

当你处于最佳状态时，你愿意在谁身上花时间？

你如何在工作的同时，为你生活中所爱的人留出空间？

进步

幸福会在向目标不断靠近的过程中来临，而非实现的那一刻（那时往往会有一种失落感，或者思考接下来做什么）。此外，你在设置目标时表现出的自主与坚持，面临的挑战，往前迈出的每一步，共同组成了你这趟收获颇丰的旅程：

你如何庆祝自己在向目标靠近的过程中取得的进步？

你如何庆祝这趟通往成就的旅程？（不是列目标清单）

目标

目标感，或者说干劲，会受到个人的价值观和人生观的引导。通常来讲，你会为某样比你自己更重要的事物奋斗，你可能会从工作中找到这样的东西，某种社会或政治因素，也有可能是家人、生活方式、某种精神信仰。目标能让你保持专注，拥有方向感，朝着理想方向前进：

你的核心价值观是什么？在你工作中如何体现？

你现在的生活和你所倚重的价值观有多契合？

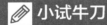

小试牛刀

你现在处于什么位置

拿出一张纸，画上五个圆，思考以上五种因素以及各自的指导问题。圆的大小代表你当前在该方面对生活的感受，以及所给予的时间。各个圆之间的大小、距离并无对错之分，靠直觉设置即可。以下是两个引导你画圆的例子（仅供参考，因为你的经历独一无二）：

例一

南森8年前继承了自己家族的意大利餐厅。他志存高远，想要把这家独立经营、生意红火的餐厅一代又一代传承下去，因此他的价值观就是：独立经营、家庭、资金安全。因为餐厅运转顺利，他又接着开了两家分店，今年的营收将远远超过预期。南森对烹饪很感兴趣，这是他从奶奶那儿学来的手艺，做饭在他眼里就是纯粹的乐趣。但是，他同时还是一位领导者，手下管着83名员工。但事实上，他已经很久没有为自己的朋友们做过饭了。虽然家庭成员逐渐增加，他却日日夜夜在餐厅操劳，他说自己这样做都是为了家人和他们的未来。工作让他精疲力竭，和家人发生争执的频率也变高了，但他仍然在朝着自己的目标迈进。我问南森生活是否幸福时，他回答说："或许不吧，但这不是我的错，对吧？"（图16–1）

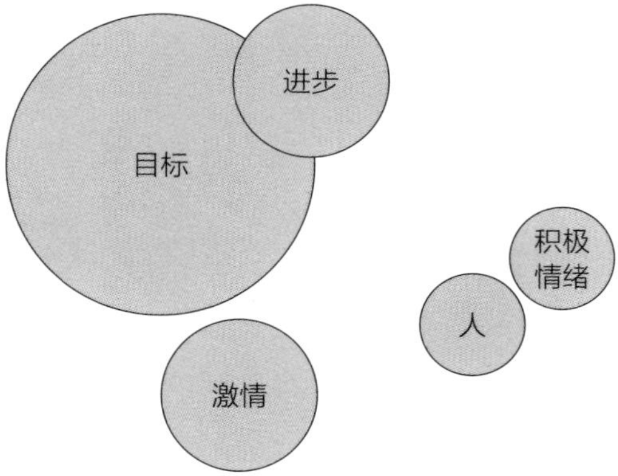

图16–1　重新平衡幸福（1）

例二

多米尼克认为自己属于"讨好型"一类人。她喜欢这个特质，她看重善良、爱心、服务，当她和家人、朋友、团队在一起时，她的行为会很好地体现出她的价值取向。她在非营利性组织工作，一直面临着资源匮乏的现状，既能让人充满动力又能把人累垮。但对多米尼克而言，无论是在家还是工作中，帮助别人都会让她产生一种目标感。她已经记不起来上一次为了自己做过些什么，也记不清上一次为自己设立人生目标是什么时候了。对大自然的热爱、园艺、徒步旅行、游泳等这样的个人爱好也只得搁置一旁，因为她要去帮助别人的人生。我问多米尼克是否幸福时，她沉默了一会，然后摇头，答道："我仿佛丢失了自我。但追求自我的幸福难道不是一种自私的态度吗？"（图16–2）。

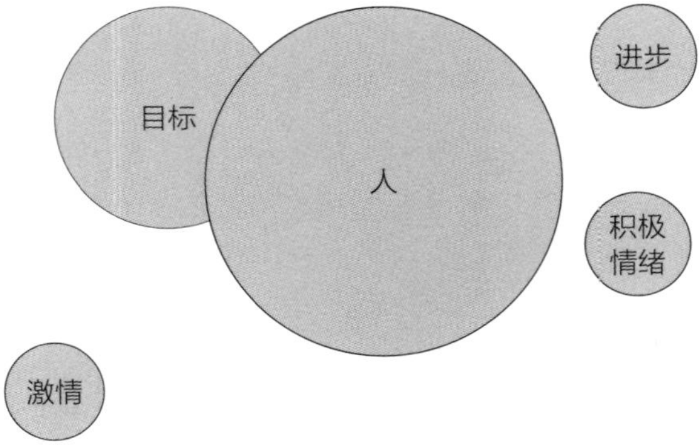

图16–2　重新平衡幸福（2）

反思时间

你想要什么

在你反思自己画的图时，顺便回答一下这个问题：

你满意目前这种状态吗？为了未来更好，想要或者需要做出哪些改变？

按照未来理想的情况再重新画出一幅图。

在南森重画的图中，他更加重视“人”和“积极情绪”两个因素。他与妻子促膝长谈，认真聊了未来幸福的话题。南森热爱自己手上这份家族产业，也为这份产业带给自己的使命感感到自豪。因此，夫妻两人共同做出了以下三个决定：培养两名主管，优先考虑工作量；留出一定时间陪家人，时间设置要合理，能让南森能长期坚持下去；还要每周留出时间给朋友们做饭。不久，南森又找回了自己的快乐，因为他对烹调的爱又回来了，新的生活方式让他很是享受。

多米尼克在重新绘制自己的图画时，她有了新的认识：她本不必以牺牲自己的幸福为代价去服务别人。自己的幸福与服务他人完全可以融合到一起。她做出了一项简单的决定，但却对她产生了深远的影响。她加入了一个女子徒步旅行组织，每周六下午处理完孩子们的事情后，她都会去运动两个小时。多米尼克把这两个小时的运动坚持下来后，她拓展了自己的交际圈，有了更多的快乐，她对自己人生的评价也变得乐观起来。

锦囊妙计

让你幸福常驻的7个方法

如果你注意观察自己先后画的两幅图，会发现各圆圈之间相互依存。克里斯·迈尔斯（Chris Myers）在《福布斯》杂志上发表了一篇关于人生幸福与平衡的文章，文中指出："我们很容易成为孤立思维的受害者，我们的工作、家庭、激情、愿望在人生中都是单独存在、互不相干的几个方面。但我们依然可能做到忠于自己的热爱，过有意义的生活，将工作作为表达媒介。"

下面的7个方法有助于你提升人生、工作、家庭中的快乐和满足感。其中一些很简单，不费时间，有些则不然。当然，我作为一位务实的心理学家，提供的所有方法都已得到科学验证。更重要的是，客户在完成后也真的变幸福了，客户的反馈也都是正向的。

构想出一个让人无法抗拒的未来

让自己看到未来十年的理想生活。你会如何生活？你住在哪儿？你和什么人待在一起？如果你知道自己的方向，也就知道自己要关注什么、为什么做这件事很重要。构想这个未来既要思考又要动笔。问问自己："十年后我理想的生活是什么样的？"先让大脑好好构思一番，然后再把自己的想法写下来。

领导力培训公司首席执行官、《指导之法》（*A Beautiful Way to Coach*）作者菲奥娜·帕拉沙尔（Fiona Parashar）经常会让人想象自己八十大寿的场景，想想自己一生都做了些什么，以及这一路如何走过来的。

释放你的激情

我在第12章列出了积极心理学领域的24个优势，帮你打造自己的"品牌"。可以通过第12章的这份清单或一些权威调查问卷[①]来发现个人优势和自己的激情所在：

❶ 你最突出的优势是什么？你发挥个人优势的频率如何？如何让自己的优势发挥更大的作用？你又有哪些创新发挥优势的方法，并应用到不同的方面？

❷ 看看已经被自己遗忘的优势。你曾经拥有的优势，现在却滑到了清单下面，走出了你的生活。对于我而言，我遗忘了自己的创造力和幽默感，我最突出的优势是热爱学习和好奇心，这两项优势占据了我的工作和生活，但同时快乐也消失了。我努力工作，努力学习，签约优秀的客户，赚了不少钱。但这种枯燥无味

① 例如"优势行动价值问卷"或者"克利夫顿实力评估"。——编者注

的方式也给我带来了不小的负面影响。重新找回自己的创造力和幽默感真的很让人开心。在此之前，我已经忘记了面对各种形式的创新时，自己是多么激情澎湃，也忘了广播有多好玩。你需要释放或重新点燃哪些优势来挖掘你生活中真正的激情？

给目标充电

我在本书第2章曾列过一个复原力检测，旨在测算身体、精神、情绪、关系、目标的能量。我当时承诺会在本章对目标继续探讨，进一步探索幸福相关的问题。以下是我建议读者思考的一些问题：

❶ 我知道自身优势所在，工作中有时间让我成长为最优秀的领导者。

❷ 我知道自己的方向，且对行进方向充满激情。

❸ 我可以清晰地表达出自己的价值观和看重的东西。

❹ 我现在的生活和我的价值观相符合。

❺ 每天，我都会花时间反思什么对我的领导方式意义重大。

回答完前两个问题后，我们继续来寻找意义，探寻如何生活得更有价值。这虽然不难——你给予生活的意义应该是开心的、主观的，和其他人赋予生活的意义一样合情合理——但很重要。有目标地活着，预示着健康、长寿，是获得复原力的最有效途径。目标感会指导你的决定，影响你的行为，塑造你的目标，同时给予你方向感，并创造意义。

下面是一个关于价值观的清单，供读者练习。网络会提供更多更加丰富的价值观清单，可用作补充。

价值观清单

成就	贡献	健康	认可
感谢	控制	诚实	放松
行动	应对	荣誉	奖励
冒险	创造力	独立	根基
关爱	直接	鼓舞人心	安全
野心	轻松	诚信	自力更生
真实	享受	亲密关系	服务
平衡	环境	欢乐	灵性
做自己	兴奋	学习	稳定性
归属	探索	热爱	优势
挑战	忠诚	自然	成功
选择	家庭	机遇	信任
清晰	资金安全	内心平静	发挥作用
亲密	自由	表现	活力
竞争力	友谊	力量	温暖
信心	有趣	进展	财富
连接	慷慨	生活质量	幸福

- 简单罗列出你职业生涯中所从事过的工作。哪些主题是你所重视的？你在职业生涯中什么时候找到了目标？

- 拿出一张纸，借用上页清单或根据个人了解列出你的价值观（建议少于5个）。
- 让三个你信赖的人来列举一些你表现出的价值观。对方的清单与你的契合度高吗？
- 问“为什么”。为什么你会看重这些价值观？它们对你有多重要？
- 思考你选择的价值观与你的生活之间的契合度。为了给目标充上电，你需要做出什么改变？
- 最后，把你的价值观与领导目标联系起来。用不超过25个字来阐述一下你作为领导者的目标。

记录下你的感激

或许许多人已经很熟悉这个方法。只有试过这个方法的人才知道其价值之所以被埋没，是因为操作方法过于简单。我很喜欢这个方法，很基础却能让人感动，每次我觉得人生的航向有所偏离就会把它拿出来。该方法执行起来难度也不大，只需每晚记下三件今天让你感激的事情即可，可小可大，可浅显可深奥，什么都可以。连做两周（后来就会觉得没那么有趣，更像是一种例行工作），你就会发现生活中什么东西重要了。它就像一把小牙刷，刷掉污垢，让你的大脑更加清晰。

把平衡摆在优先位置，学会说“不”

如果你画的五个圆并不均衡，那么你难免为了满足他人的要求，以牺牲个人的幸福为代价。如果你学会把平衡摆在优先位置、更重视自己的幸福，会怎么样呢？什么事情你必须要说“不”？如何在不违背个人价值观的情况下做到这一点？

勇于探索，拥抱新的体验，学会说“行”

你在学会拒绝别人的请求之后，也要学会说“好”，勇于敞开心扉，提升自己的热情和积极情绪。就像马丁·塞利格曼在《持续的幸福》（*Flourish*）一书中写道：“你有能力找到是什么激励了你，是什么给予你希望，是什么能逗你开心，之后你就可以培养这些情绪。”

哪些你想答应的事情可以激发你的斗志、为你带来快乐？你内心的批评声音（它会说你自私，不值得这样做等）又会阻止你做什么事？你又如何在不违背个人价值观的情况下做到这一点？

关注外部，懂得感激

虽然本章一直讲的是你和你的幸福，但我想在结尾谈谈最简单却最有意义的领导力实践。我在整本书中都一直在重复人们需要得到欣赏和感谢，但或许没有怎么强调过欣赏和感激他人也能提升领导者自身的幸福感。周围人的开心就是你的快乐。

我采访过为本书写过推荐语的迪·福特，她认为这个方法对于领导者的成功、团队的幸福有着与其本身不相称的重大意义，需要每天实践。

你只需每天发封邮件，对大家的帮助、团队协作、进步、优点、成绩表达感谢，然后再把这封邮件在同事间转发一次即可。给予旁人闪耀的机会，你同样会看到身边人对你的感激之情。

关于幸福和领导力的10条建议

❶ 要意识到幸福与领导力是相互依存的关系，可以制造良性循环。你越幸福，你的团队就越积极、高效，这又会反过来促进你的积极情绪。

❷ 打开幸福之门的钥匙并非只有一把，就好比是要把食谱上的多种配料合理搭配。要平衡你食谱中的那五个因素——积极情绪、激情、人、目标、进步。

❸ 你的幸福等级并不固定，你有能力通过思维方式和行动来改变你的幸福等级，而且要用得聪明。

❹ 借助领导者的身份追逐财富和地位只能获得短期幸福，而且仅凭财富和地位会让你幸福的边际效应递减，平衡才是关键。

❺ 优先保证自己在好友和家人身上的投入，这些都是在意你或你在意的人，这是你幸福生活的重中之重。

❻ 既要参加你重视的活动，同样也要参加你感兴趣、乐在其中的活动。

❼ 如果你能找到自己的人生目标，你的人生就会更有意义。花时间找到你作为领导者的目标。

❽ 人在取得成绩和进步时，会觉得自己收获满满、大步向前，这种感觉会进一步激励你。

❾ 找到自己的价值观，然后践行。让团队认识到价值观的重要性，清楚你准备根据真实的行为与表现做出严肃决定。

❿ 控制好自己看待世界的方式，让自己不要过分关注无关紧要的小麻烦。真正应该做的，是努力朝着目标迈进，并养成主动关注生活中积极因素的习惯。